记忆中原丛书

愚公故里 济源

总主编 赵素萍
执行主编 苏长青
本册主编 宫鸣

河南科学技术出版社
·郑州·

图书在版编目（CIP）数据

愚公故里：济源 / 宫鸣主编. -- 郑州：河南科学技术出版社，2018.9

（记忆中原丛书 / 赵素萍主编）

ISBN 978-7-5349-9199-8

Ⅰ. ①愚… Ⅱ. ①宫… Ⅲ. ①文化史－济源 Ⅳ. ①K296.14

中国版本图书馆 CIP 数据核字（2018）第 063396 号

出版发行： 河南科学技术出版社

地址：郑州市经五路 66 号　　邮编：450002

电话：（0371）65737028　65788613

网址：www.hnstp.cn

策划编辑： 李喜婷　汪林中　冯俊杰

责任编辑： 黄甜甜　李平平

责任校对： 臧明慧

责任印制： 张　巍

书籍设计： 赵　钧

排　　版： 蔡　凤

印　　刷： 河南博雅彩印有限公司

经　　销： 全国新华书店

开　　本： 787 mm × 1092 mm　1/16　**印张：** 13.5　**字数：** 268 千字

版　　次： 2018 年 9 月第 1 版　　2018 年 9 月第 1 次印刷

定　　价： 99.00 元

不忘本来　开创未来

《诗经·小雅·吉日》曰："瞻彼中原，其祁孔有。"

中原，本意为天下至中的原野，后来逐渐演化为泛指黄河中下游地区，也称中土、中州、华夏。在某些特定的语境中，中原又是"中国"的代名词。

中原文化是中原地区，主要是河南省的物质文化和精神文化的总称。中原文化是中华文化的母体和主干，在漫长的中国历史中长期居于正统、主流地位，中原文化一定程度上代表着中国传统文化。

河南人爱说"中"。一个"中"字，尽显中原文化的正大气象和源远流长。

中原这块沃土，不仅是东亚现代人类的主要起源地，而且自上古时期就形成了发达的农业文明，并率先跨过了"文明的门槛"。

从夏代到北宋的3000多年间，先后有22个朝代、200多位帝王在河南建都。全国十大古都河南有其四。河南曾长期是全国政治、经济、军事、文化的中心，中国古代创造发明的中心，向全国和世界传播交流文明的中心。

中华文明丰富的文化景观、文化遗存、历史文物、文化典籍和艺术珍品在中原大地比比皆是，使河南如同一座浩瀚的历史博物馆，一本看得见、摸得着的中国历史文化教科书。河南的馆藏文物、国家历史文化名城和全国重点文物保护单位数量，均居全国前列。甲骨文在这里发现，四大发明与河南关系密切，连接东西享誉世界的丝绸之路从这里起步。

水有源，树有根，人有姓。河南是中国姓氏的重要发源地，依人口数量排名的100个大姓中，有70余个起源于河南。中华传统文化通过姓氏家族延续传承，跟随姓氏漂洋过海。"贵姓""仙乡何处"的寻常问候常常引起游子无限的乡思乡愁，也成为近年来河南根亲文化的"重头戏"。

天下名人，中州过半。在《二十四史》中，立传的名人共5700余人，仅汉、唐、宋、明四个朝代，河南籍名人就达912人。在耳熟能详的文化圣人当中，出生于河南或长期在河南活动的近30位。谋圣姜太公、道圣老子、墨圣墨子、商圣范蠡、医圣张仲景、科圣张衡、字圣许慎、诗圣杜甫、画圣吴道子、律圣朱载堉，等等，都是中华文化发展史上的不朽丰碑。

中原文化门类齐全，博大精深。文学星空，河南人星光璀璨；武术杂技，少林太极称双雄；婚丧嫁娶，人生礼仪在斯；梆弦声里，地方戏风靡大河南北。洋洋洒洒，中原书风千载传承；丹青妙手，河南画苑代有佳作……

中原文化之于中华文化，就内容讲，是最基础、最基本的部分；就特点讲，是最具代表性的部分；就历史发展过程讲，是最具贯穿性的部分；就地域讲，是最具影响力的部分。中原文化具有根源性、原创性、包容性、开放性等诸多特质，开放与包容使得中原文化具有绵绵不绝的生命力与创造力。

中原地处“天地之中”、华夏腹地，九州通衢的独特地理位置决定了中原文化始终处于与外部文化的交流融合当中，这种交流与融合影响到中原文化的方方面面。

早在新石器时代，中原文化便成为推动中国境内各种文化交汇的强大动力，加快了中华文明的进程。

夏、商、周三代是中国历史上的重要时期，其时中原和周边地区交流融合、相互促进，奠定了中华文明形成和发展的基础。汉代，中外贸易频繁，形成了后人熟知的丝绸之路，洛阳成为丝绸之路的东方起点。隋唐时期，洛阳是当时的国际性大都市之一，成为了东西方文化、贸易交流和传播的中心。以开封为中心的北宋文化，以丰厚的底蕴、深邃的思想、恢宏的气势、绚丽的色彩，把中原历史文化推向高峰。唐宋之际，中原文化通过丝绸之路、大运河及海上丝绸之路跨出国门，影响波及亚洲乃至世界。

古往今来，无数中原的思想家，用自己的思考深刻地影响着历史的进程，成为中国思想文化的主干，并对世界文化产生了很大影响。西方许多杰出人物如伏尔泰、狄德罗、托尔斯泰等都曾受到《道德经》的影响。而在中原的腹地嵩山脚下，儒、释、道“三教合流”，经过千百年的融汇发展，儒、释、道三种文化已经深深熔铸在我们民族的生命力、凝聚力和创造力之中。

中华文化革故鼎新、生生不息的生命力，源于中华文化与周边文化持续不断的碰撞和融合。

梁启超先生曾指出，中原的中国经过秦汉一统，成为中国的中国；中国的中国经由与印度、日本等接触，成为亚洲的中国；近世以来，中国进入世界舞台，与欧美竞争，而成为世界的中国。

从世界范围来看，不同文明之间的碰撞与交流成为世界历史发展的主要动力；从中国范围内来看，中原文化与周边文化的互动奠定了中华文化的根基；从中原范围内来看，以嵩山周围为核心的河洛文化与周边文化的融合助推中原文化茁壮成长。

八方风雨会中州。目前河南共有18个省辖市，每个市都有其独特的文化，尤其是一些与外省接壤的省辖市，更是中原文化与周边文化交流碰撞的前沿。南阳的“楚风汉韵”、信阳的“豫风楚韵”久负盛名，三门峡与秦晋文化的交汇，安阳、鹤壁与燕赵文化的融通，濮阳、商丘与齐鲁文化的交融，周口、驻马店与江淮文化的互动，焦作、济源与三晋文化的交流等，都形成了地域文化的独特小环境。这些区域文化之间的开合、融通铸就了中原文化的生命力。

冠八枢而奠中原，得中原者得天下。

中原文化，出彩千年！

习近平总书记提出，让中原更加出彩。

河南在全面建成小康社会的快车道上，始终不忘提升中原文化的整体实力和影响力。从“加快文化资源大省向文化强省跨越”，到“加快建设文化强省”，再到“加快构筑全国重要的文化高地”，这种渐次提升既契合党中央关于强化文化发展的新理念、新思想、新战略，又体现了河南省委对文化建设的高度重视。

从中原崛起到建设经济强省，博大精深的中原文化始终是河南最为倚重的资源之一；从华夏历史文明传承创新区到全球华人精神家园和心灵故乡的打造，中原文化已经、正在，而且还将要以更加丰富多彩的形式、手段被挖掘、整理，传承和创新。

党的十九大报告指出：推动中华优秀传统文化创造性转化、创新性发展，继承革命文化，发展社会主义先进文化，不忘本来、吸收外来、面向未来，更好地构筑中国精神、中国价值、中国力量，为人民提供精神指引。

多年来，依托厚重的中原文化，河南的文史研究、新闻出版、广播影视等部门进行了卓有成效的工作，取得了丰硕的成果。经过充分调研，中共河南省委宣传部决定组织全省各省辖市市委宣传部编纂大型精品文化普及读物“记忆中原”丛书，一套19卷，分为《品读中原》以及18个地市卷。丛书围绕中原文化精华这条主线，选择各地文化经典和精要，系统梳理河南地域文化特色，全面展示中原文化风貌，讲好中原故事，传播中华文化，凝聚中国力量。“记忆中原”丛书作为一种融媒体出版物，融合多种媒体形式，书籍与文创产品并重，文化与旅游资源嫁接，这种创新的出版方式是中原文化更加出彩的一种生动体现，也为中原更加出彩提供精神力量。

天下中原，老家河南。

中原是一座“文化的活态博物馆”。河南堪称全球华人的根亲文化圣地。与其在远处仰望，不如到中原走访。真诚希望读者朋友能从书中感受到中原文化的魅力，更期望朋友们以这套丛书为“路标”，到河南走走，回老家看看。厚重河南欢迎您，壮美中原欢迎您。

“记忆中原”丛书编委会

2018年7月

目录

谈古说今

要事回放

名人扫描

——玉川人物自风流　37

寻根问祖

——几多姓氏出原城　55

古城印象

——王屋山下有名城　63

考古探秘

——“秦砖汉瓦”古城垣　75

胜景掠影

——美景处处醉仙客　115

名品荟萃

——奇珍异宝物产丰　153

“非遗”概览

——愚公故里重“文化”　163

城市名片

——愿将椽笔绘新图　189

本书音频资源列表

音频名称	来 源	对应页码
王屋山天下第一洞天的来历	原创	3
愚公移山	原创	4
毛泽东情系王屋山	原创	6
济水之源	原创	6
轩辕皇帝王屋山祭天	原创	16
夏王少康建都济源	原创	18
孙思邈晚年行医王屋山	原创	29
蟒不过箭	原创	35
忠孝侠义勇——聂政	原创	38
张廷珪良谋直谏	原创	41
卢仝《七碗茶歌》传四海	原创	42
裴休为官清正佛德高	原创	46
词牌《沁园春》的来历	原创	89
银杏树下不老泉	原创	120
后羿与春联	原创	127
西滩不被水淹奥秘	原创	130
“不翻”食品与黄河文化	原创	162
虎岭面叶	原创	162
麻姑传奇	原创	164
董永与七仙女	原创	184

本书视频资源列表

视频名称	来 源	对应页码
《愚公移山 河南济源》城市宣传片	原创	1
《走笔谢孟谏议寄新茶》	央视网《文化大百科 》20150825	44
荆浩	央视网《文化大百科》20130925	48
邵	原创	56
樊	原创	58
赵	原创	60
温	原创	61
大道之源王屋山	原创	116
太行寻奇 王屋探秘(上)	央视网《地理中国》20160101	117
太行寻奇 王屋探秘(下)	央视网《地理中国》20160102	117
山的诉说 王屋山	央视网《地理中国》 2011 第89期	120
猴王争霸	原创	124
乡韵济源	央视网《美丽中国乡村行》 20150629	124、160
黄河三峡	原创	133
自然山水梦中桃园(小沟背)	原创	135
唐诗与茶 卢仝——《七碗茶歌》	央视网《拾遗 保护》 20140207	172

谈古说今

——山高水长话济源

济源，位于河南省西北部，市域面积1931平方公里，人口72万，辖5个街道办事处、11个乡镇，是一座山川秀美而又历史悠久的中原历史文化名城。其有文字记载的历史，可以追溯到公元前21世纪的夏代。少康中兴建都济源原城，直到其子予，一时济源为夏族区域的活动中心。其口传历史则可以追溯到远古时期。女娲补天、愚公移山、后羿射日等寓言故事都发生在这里，源远流长的济水文化更赋予这片沃土浓郁的历史气息。王屋山是它的地理标志，济水是它的神韵风采，愚公移山精神是它高扬的旗帜。这“一山一水一精神”，构成了济源历史文化的重要文脉与精华。认识和了解济源，就要走进这“一山一水一精神”，撩开它神秘的面纱，展开它恢宏而壮丽的历史画卷，感悟它博大深邃的内涵。

《愚公移山河南济源》城市宣传片

・王屋山，政治和文化统一的历史高度・

王屋山，位于济源市西北40公里处，是中国古代九大名山之一、道教“天下第一洞天”。山有三重，因其状如王者之屋，名曰王屋。它北依山西高原，领太行千里；西邻中条山脉，接秦晋之地；东系济水之源，通百川沧海；南襟黄河一带，望嵩岳一点。主峰天坛，独柱凌空，上接尾箕，超然如在霄汉之表。地质学家称，“五台山回旋造山运动后，王屋山才从海中升起，时以王屋山为界，东西均为开阔的海域，到更新世后期，今黄河河道形成，西部洪水夺路东流，从今王屋山南的八里胡同北流注入海湾，形成了当今的华北平原。”科学家称，王屋山是宇宙演化的“天书”、动植物进化的“史册”，是人类生存的“第一家园”。2006年，王屋山地质公园被联合国教科文组织评为“世界地质公园”。

王屋山是道教圣山。南怀瑾先生说：“中国上古文化一统一道。”从华夏始祖轩辕黄帝天坛祭天开始，黄帝就很自然地被道教尊为始祖。春秋以后，有人把王屋山尊为道教的发源地。王屋山道教也就伴随着中国几千年文明一路走来，春秋时期道家鼻祖老聃于王屋山悟道多年，为使大道远播，西游函谷关，遂著《道德经》，将和谐文化提高到道之至高地位。秦汉时期于吉在曲阳泉上得《太平经》，《太平

王屋山风光——极目云海

道家法会

经》成为道教最早的经典，对道教的正式形成起到了重要作用。魏晋神仙道派魏华存在王屋山撰《黄庭经》，系统提出了三丹田、八景、二十四真理论和相应的存真修炼法，成为道教养生修炼的专著，也是魏华存对道教文化的重大贡献。唐玄宗遣司马承祯和玉真公主在王屋山立观修道，玄宗采纳了司马承祯的建议，把天下名山大川封为“十大洞天”“三十六小洞天”“七十二福地”，王屋山为“十大洞天”之首。“洞天福地说”由此形成，至此，五岳山神由“山林之王”上升为“上清真人”，道教的法事活动和皇家的祭祀活动合二为一，加速了道教由皇家宗教向民间宗教的发展。宋真宗诏贺兰栖真入宫讲经，贺兰栖真得到真宗赏识，后真宗赐建奉仙观……可以说，不同历史时期都有道教重量级人物在王屋山活动，中国道教文化的兴衰史都在这里得到了反映，王屋山堪称中国道教文化发展的一个缩影。

王屋山是一座文化之山。它的博大胸怀陶冶着人们的情操，召唤着历代文人墨客驻足王屋，为济源题咏诗词。这不仅是对济源山水的讴歌，更是对济源这一中华文明发祥地的赞誉。目前收集到的歌咏王屋山的古代诗词就有400多首，数量最多的是诗词发展高峰的唐代，李白、杜甫、白居易、王维、高适、岑参、韩愈、孟郊、刘禹锡、卢仝、李商隐、杜牧等均对此留有作品。例如白居易“济源山水好，老尹知之久”，王维“先生何处

王屋山天下第一洞天的来历

去，王屋访茅君”，杜甫“昔谒华盖君，绿袍昆玉脚”，刘禹锡“阳洛天坛上，依稀似玉京”，李商隐“玉山高与阆风齐，玉水清流不贮泥”。尤其是李白的《上阳台》：“山高水长，物象万千，非有老笔，清壮可穷。”是一代诗仙唯一的传世手迹，实为旷世奇珍。到宋元明清时期，大家咏王屋、歌济水的诗作也很丰富。苏轼、元好问、唐寅、文徵明都有情景感人的作品。唐玄宗李隆基、宋真宗赵恒，都为济源留下了诗句。清乾隆皇帝钦定其为“名山胜迹”。

王屋山是《愚公移山》寓言故事产生的原发地。在我国长期的封建社会里，道教学说就在“十大洞天”之首的王屋山区广为传播，道家重视实践的观点，提倡不辞劳苦、克己奉公的人生态度，以及反对投机取巧的主张，无不影响着古代先民的思想和行为。一方面是优美的自然风光，另一方面是缺水无路，因此，他们为生存与自然进行的抗争从来都没有停止过。这些都为神话寓言故事的产生创造了条件，“愚公移山”的典故就自然出自于这片神奇而广袤的土地。《愚公移山》记录于《列子·汤问》一书，列子既是书名，也是人名。所谓《汤问》是殷汤与夏革的对话，对话的主题是讨论“事物的相对性”问题，如“古与今、长与短、始与终、同与异、愚与智”等。列子当时所居住的郑国距济源王屋山不是很远，且列子崇尚道家之术，因此就有了他“云游名山，曾入王屋山搜集民间传说”的记载，列子的创作对愚公移山精神的传播发挥了重要作用。在《列子·汤问》《愚公移山》诞生两千多年的时间里，这则寓言故事同多

愚公移山

徐悲鸿《愚公移山》油画

数寓言故事一样，一直尘封在历史的文献中，很少有人问津。时光流转到“五四”新文化运动时期，第一个关注《愚公移山》寓言故事的是著名历史学家傅斯年先生，他于1918年11月在《新潮》第一卷第一号上发表了《人生问题发端》的文章，这篇文章明显把愚公精神时代化，成为当时新思想的重要代表。第二个关注《愚公移山》的，当属我国现代著名画家、美术教育家徐悲鸿先生。1940年，在抗日战争最艰难的时刻，他以一个艺术家的审美和担当，创作了不朽巨著——《愚公移山》油画，在海内外产生巨大影响。

《愚公移山》群雕

愚公移山的寓言故事在中国大地流传了两千多年，而真正赋予它政治生命力的是新中国的缔造者——毛泽东。1945年春，中国革命进行到关键时刻，如何争取到抗战的胜利，为中国革命的最后胜利准备条件，成为摆在中国共产党面前的艰巨任务，也就是在这样的时代背景下，党的“七大”召开了。在这次重要会议上，毛泽东以战略家的胸怀和气质，三次讲到《愚公移山》，提出了愚公移山精神。在“七大”闭幕式上，毛主席以《愚公移山》为标题，把《愚公移山》寓言故事正式写进闭幕词中，将地理意义上的愚公移山升华到政治与自然生态统一的历史高度，从而使这个寓言故事上升为中华民族一种宝贵的精神财富——愚公移山精神，成为中华民族抵御外侮、建设国家的强大精神支撑。2009年济源被中国民间文艺家协会命名为“中国愚公文化之乡”，使得满目芳菲的济源文化园圃中又添一枝奇葩。党的十八大以来，习近平总书记七次提到要弘扬愚公移山精神。2017年，在全国政协新年茶话会上强调：大力弘扬愚公移山精神，大力弘扬将革命进行到底精神。特别是在2018年第十三届全国人民代表大会第一次会议上，把愚公移山、女娲补天等我国古代神话上升为中国人民始终发扬的伟大梦想精神，赋予了愚公移山精神新时代的内涵。伟人的思想闪现着王屋山的灵光，王屋山折射出优秀民族文化的璀璨光芒。王屋山作为中华民族传统文化名山，它有着至高无上的荣光与厚度，是中国其他山岳无法与之相提并论的。

伴随着华夏民族从远古走来，王屋山所记录承载的是文化与历史，它是一面旗帜、一座丰碑、一部巨著，在无言地昭示着未来。今天我们重塑这座民族圣山，对于增强民族自信和文化自信，实现“两个一百年”的奋斗目标，圆梦中华民族的伟大复兴，有着十分重要的历史和现实意义。

毛泽东情系王屋山

• 济水，一条浸润了华夏文明的河流 •

济水，古水名，一条曾与长江、黄河、淮河齐名并称“四渎”的大河。济源就因济水的发源而得名，济水下游的济南、济阳、济宁，都以它特有的名称，无可争议地记录着济水曾经流过的广阔地域。

说到济水的源头，史书记载较多的是发源于王屋山。《尚书·禹贡》关于大禹治理济水的记述：疏导沇水东流，易名为济水，济水东流，入于黄河，在黄河南岸溢出为荥泽；然后隐于地下，在陶丘北现于地面；再后东流至菏泽，又会汶水，最后载歌踏浪，奔流入海。

位于济水源头的济渎庙，始建于隋文帝开皇二年（582），是隋唐及其以后历代封建王朝钦定的祭祀济水神和北海神的场所，占地130余亩，是目前国内规模较大、布局较为复杂的水神庙。历史上魏文帝、唐太宗、宋徽宗、明太祖、清世祖、清高宗都为济渎写过祭文、下过诏书，褒扬济水之德，祈求水神护佑国家平安。

庙内现有的木结构建筑，始于北宋，历元、明而迄于清，绵延千年而不绝，被誉为“中国古建筑艺术博物馆”。1996年，济渎庙被公布为国家重点文物保护单位。

济水孕育了华夏文明。古济水的中下游主要在今河南、山东境内。按照《中国历史地图册》标定的济水，全长约

济水之源

济水之源济渎庙

900千米，在济水流域内，古文化遗址比较密集，仅在济源市域内就有50多处。这说明，古济水流域的史前文明早在八九千年前已经发育成熟。在济水源头的济源境内，已发现有属于仰韶文化的栗树沟遗址和属于龙山文化的原城遗址、沁台遗址、苗店遗址等。原城遗址位于济水源头，原字是源的本字，表示泉水从洞穴中流出，从汉字训诂学可知济水源头远古即为先民聚居地。

济水的祭祀古老而崇高。记载济水早期祭祀活动的史料主要有《礼记》《史记》等。《礼记·王制》载：天子祭天地，祭天下名山大川，主要是祭祀五岳四渎。《史记·封禅书》记载的周天子祭祀天地的礼仪是：冬至祭天于城南郊，以迎接夏至日的到来；夏至祭地祇，“五岳视三公，四渎视诸侯……四渎者，江、河、淮、济是也”。

春秋时期的济水祭祀规格是和华夏民族的人文始祖伏羲相并列的。《左传·僖公二十一年》：“任、宿、须句、颛臾，风姓也，实司太皞与有济之祀，以服事诸夏。”可见济水在古人心目中的崇高地位。

秦始皇称帝后，在泰山大搞封禅活动，并重新颁布了天下名山大川的序次和祭祀的规格，济水名列四渎之首。隋唐时期，官方将水神崇拜的祭祀礼制进一步提高并列入国典。唐朝“四渎”仍为江、河、淮、济，又增加“四海”，即东海、南海、西海、北海。济源的济渎庙就是在这样的社会背景下建立起来的。

对济水与北海的祭祀，一直被列为国家祀典，为政者“有谨而不敢怠”。自汉代起，皇帝或千里迢迢来济源祭拜，或派遣重要官员致祭。唐宋以来，但凡国之大事，如战争、政权更迭、祈雨甚至皇室成员的生死都要向济水神、北海神祭告，民间的祭祀活动更是频繁有加。

信步于亭台楼阁间，徜徉于淙淙流水旁，摩挲着斑驳的碑碣，置身香火不断的烟雾缭绕间，你会体会到水神崇拜、祭祀的神秘与庄重。古济水的祭祀成为中国古代水神崇拜、祭祀的缩影，济水崇拜则成为一种文化信仰。

济水流域是古代王侯争霸的地方。广为人知的是在济水上游，作为春秋五霸之一的晋文公，以“信”立国，使得晋国日益强盛，成为历史上有名的君主。在济源这片古老的土地上曾留下了晋文公出阳民和伐原示信两个彪炳史册的故事。晋文公的出阳民和伐原示信，体现了仁爱和信义，成为道德的典范，为其成就霸业取得了执政基础。同时，晋国占领了阳樊、原等地，将黄河北岸、太行山南麓这一重要的战略要点控制在手中，为晋国成为霸主奠定了基础。在济水中上游，发生了楚汉相争，刘邦和项羽经过数年征战，最后约定以鸿沟为界，现在棋盘上的“楚河汉界”就是源于这场战争，可见其影响深远。

济水是一条流淌诗词歌赋的河流。在古诗文中，最早描写济水风情的诗篇是《诗经·匏有苦叶》，其内容表达的是一位待嫁的姑娘站在济水岸边，翘首以盼恋人前来迎娶的心境。诗三章，三言四言五言相间，就近取喻，联类比兴，让今人有幸从中再见三千年前济水畅流的风光和动人的风情。

从西汉到清代，在济源流传下来的有关济水的诗文有数十篇之多，其中不乏名家之作。白居易、李颀、文彦博、王铎都为济水留下了不朽的篇章。

在这些诗词中，唐代大诗人白居易的《题济水》，堪称描写济水的名篇。诗人用“盈科不数尺，岸柳难通舟”来描写济水的丰沛，用“朝宗未到海，千里不能休”来赞美济水的源远流长。用“自今称一字，高洁与谁求。惟独是清济，万古同悠悠”来歌颂济水的清澈与高洁，把济水人格化为一条品德高尚的河流，让人感到济水可亲可近。

白居易的另一首和济水有关的诗是《效陶潜体诗十六首》中的最末一首。诗人从 “济水澄而洁，河水浑而黄。交流列四渎，清浊不相伤”起笔列举了许多或善或恶的人物和鸟兽来诘问上天神灵，抒发了诗人被贬官之后“时属多雨，无以自娱，雨中独饮，往往酣醉”的心境。诗人以济水起兴，言志抒情，可见济水在诗人心目中的地位与形象。

唐以后，宋元明清各代诗人都有关于济水的佳作。其中宋代诗人文彦博的《题济渎》最为满怀深情：“导沇灵源祀典尊，湛然凝碧浸云根。远朝沧海殊无碍，横贯黄河自不浑。一派平流滋稼穑，四时精享荐蘋蘩。未尝轻作波涛险，惟有沾濡及物恩。”诗人看到的济水，浅可涉，清可饮，是令人爱怜之水！

济水流域是产生众多名臣贤相、志士仁人的地方。历史名人往往代表着那个时代的政治思想、文化艺术、科技发展的最高水平和价值取向。一个地域历史名人的多寡，与这个地域的地理区位和人文环境有极大关系。济水源头曾是夏王朝的都城，济水流域也是较早进入农耕文明、富庶繁荣的区域，它与九朝古都洛阳隔河相望，从东周至五代，属于京畿之地，两地虽有黄河相阻，但从公元3世纪开始，即有河阳之城连接黄河两岸，唐代以后又增设河阳桥，为两岸的人员往来提供了便利，因此，两地经济和人文交流极为广泛，是济源产生众多名臣贤相、志士仁人的重要因素。如战国时期的聂政和汉代的郭解，都是名载史册的侠士。抗日战争时期，聂政的故事还被郭沫若改编成话剧《棠棣之花》，以鼓励全国人民抗战到底。张禹、徐有功、张廷珪、温造、裴休等，都是汉唐名垂青史的贤相名臣。毛泽东在读《新唐书·徐有功传》时，还特别批语“‘命系庖厨，势固自然’此言不当”，感慨之情溢于言表。宋初的济源县令陈省华，不但为官清正，为民所爱，且教子有方，三个儿子均及第进士。元代著名戏曲家关汉卿的《陈母教子》即取材于陈家的故事。五代时期的济源籍画家荆浩，有“北派山水画鼻祖”之称，他的代表作《匡庐图》，开北派山水画先河。茶仙卢仝以荡气回肠的《七碗茶歌》，与茶圣陆羽形成中国茶文化历史上的两座巅峰。千百年来，这些历史名人的故事，对济源的民风、政风均有重要影响，是济源宝贵的精神财富。

济水是一条最富人格化的河流。给予济水人格化赞誉的文字记载很多，最早的是东汉著名经学家刘向。刘向在《说苑》中说，四渎能荡涤垢浊，能通百川於海，能荡出云雨，“为德甚美，故视诸侯也”。刘向以“德”誉四渎，并且特别指出四渎之一的济水更有利于人的健康，认为济水之“德”最值得称道。

后魏文帝《祭济文》告赞济水“乾光资耀，坤载播液……温方涌瑞，沇源导济……作润岱宗，含云吐澧……瞻洪津而怀德，乘长波而钦智”。

唐太宗曾和朝臣许敬宗讨论济水位列四渎的因由。太宗问：天下有这么多洪流巨谷，并没有载入祀典，济水细微而列四渎，原因何在？许敬宗答：四渎皆独流入海，济水虽然细微，有些地段还潜伏地下，但是最终还是流入了大海，因而济水之德就显得更为尊贵。清乾隆在《祭告济渎文》中赞誉济水“伏以流谦，淆之不浊”，济水被赋予了谦谦君子不为世风所染的美德。

颂扬济水之德最值得称道的是唐代吏部侍郎达奚珣的《有唐济渎之记》。文章以济水游赏为主题，在称赞四渎造福社稷的同时，认为长江、黄河、淮河均发源自幽僻的山野，“远而见奇，伊何足贵？”唯有济水“体清淳之气，据幽夏之中，平地开源，分空正录。”接着又赞誉济水“表里皆净”，表面看来似乎不深，待到行舟其上，“方知无底”，这才是真正的度量！济水东流，遇到黄河阻隔，就截河而南，不以险阻惧其势，不以河浊乱其清流，终能以柔克刚，扬波东行，滔滔入海，这也是具有君子之德才能做到的！济水无论潜入地下还是流贯大地，都能包容天下，泽润万物，这种品质也只有“得道”之人才能够具备，这也正是济水和长江、黄河、淮河三渎差异所在。

唐代诗人李甘在《济为渎问》一文中，又通过对黄河的“批评”来称赞济水之“高尚”：“今河恃其强大自积，不捷趋海，往来戎狄间，胁泾、渭、沣、漆、汾、洛、伊、沁之水，以滋其暴，决愁民生，中土患势，逆曲多穷，始归海，此皆济所羞也。”在李甘的眼里，黄河本来就“出身不好”，又不自律，胁迫那么多河流都跟着它一道作恶，祸害百姓。而济水宽厚仁爱，温柔慈祥，“或平地开源，为河为渠；或穴地洑流，为泉为井”，默默地滋润着两岸的穑稼，养育着两岸的人民。

济水文化品格的另一个特点是“清”。从唐代朝廷加封四渎，济水封公“清源公”开始，以“清济”“清源”赞誉济水的皇家文告和文人辞章比比皆是。济渎庙的山门曰“清源洞府门”。苏东坡《黄河》诗云：“浊流若解污清济，惊浪应须动太行。”

正是由于自古以来历代帝王、经史学家和文人墨客对济水赋予了高尚的文化品格赞誉，尽管秦汉以后济水逐渐断流，但济水越黄河而不浊、潜地下而朝宗的特点，反而更增加了人们对其文化品格的坚定信念。如果我们把泛滥不休的黄河比作任性的父亲，那么济水就是我们的慈母，是济水的隐忍和高洁，成就了黄河的伟岸和博大。济水温柔谦虚、坚守气节、大爱无声，成为中国文化中最宝贵的精神，为中国文化血液沉淀下了最原始的密码。

• 山水交响，成就了一座历史与文化、现代与文明共融的城市 •

山是济源的脊梁和魂魄，水是济源的神韵和风情，在数千年的岁月风雨中，在济源1931平方公里的土地上，山水交响，互为风情，演绎了这座中原历史文化名城的精彩。

济源是一座历史悠久的城市。早在旧石器晚期，这里就有人类居住，裴李岗、仰韶、龙山等文化遗址，见证着古城丰富的文化内涵和久远的历史；夏、商、周时期，这里均为皇家钟情的后花园；春秋战国至两汉时期，这里曾数度分封侯国。战国时期古轵一度为韩国国都，据《盐铁论》记载，当时的轵城富冠海内，为天下名都之一。隋文帝开皇（596），因“济水所出而名”的济源县，在历史上第一次矗立于世间。1400多年俱往矣！特殊的地理位置和人的非凡智慧与创造力便在这座豫西北城郭显现，不断升腾的颜值，真实记录着这里的人们从古至今的权力与财富，物质与文明，艺术与人文，光荣与梦想……

济源是一座具有红色基因和建置传奇的城市。在民主革命和解放战争的炮火硝烟中，济源因其特殊的战略地位，成为豫西北最早的革命老区并具有独特的上下级隶属关系。其中1942年初，济源县抗日民主政府成立，隶属太岳区第四专区，1943年2月析济源西部置王屋县，隶属太岳区第四专区。1945年8月济源县城首次解放，后又被国民党军占领，直到1946年12月14日，人民解放军再次收复济源城。1947年7月，王屋县并入济源县，仍属太岳区第四专区。1949 年 8 月，济源县改属平原省新乡专员公署。

1952年11月，平原省撤销，济源改属河南省新乡专员公署。1975年5月，济源工区办事处成立，正地级，由省直辖，并析济源县置虎岭区，同属工区办事处。1977年5月，济源工区办事处撤销，虎岭区也被撤销，其治所复归济源县，济源县重新改属新乡地区。1986年1月，济源县改属焦作市。1988年6月，济源撤县建市，为省直辖县级市，实行计划单列。自1997年1月起济源自焦作析出，由河南省委、省政府对济源实行直管体制。2004年8月，济源进入全省18个省辖市序列。2012年《中原经济区规划》将济源市定位为中原经济区新兴区域性中心城市。2017年3月被国家发展与改革委员会批复为国家产城融合示范区。

济源是一座科学发展之城。改革开放以来，济源以加快科学发展为引领，已经形成了钢铁、铅锌、能源、化工、装备制造等支柱产业，走出一条“工业强市，旅游富民，产城融合，城乡一体”新路子。

愚公故里新城区

2017年，全市生产总值达612亿元，同比增长8.3%，社会消费零售总额实现171.2亿元，同比增长12.2%。城乡居民人均可支配收入分别为30697.8元和16938.6元，分别居河南省第3位、第2位，增长8.7%、9.0%。

济源是一座充满活力的开放之城。如果说古人愚公凭着勤劳勇敢，以一种虔诚之心感动了上帝，移走了太行、王屋二山，让他们看到被山阻隔千年的柔和阳光和一片开阔温润的土地，那么现代的济源人民，秉承了更加开放、包容、合作的精神，持续加大对外开放力度，不断优化投资环境……济源正成为外来投资的热土，先后被评为“浙商（省外）投资最佳城市”“外商眼中的河南最佳投资城市”“2011年中国最佳投资城市”，先后与美国密歇根州恩郡、韩国漆谷郡、日本新座市建立了友好城市关系。

济源是一座文明之城。济源市委、市政府把创建全国文明城市作为推进物质文明、精神文明、政治文明和生态文明建设的“龙头工程”，作为构建富裕、文明、

和谐、美丽济源的“基础工程”，作为全面提升城市综合竞争力的“核心工程”，作为实现好、发展好、维护好最广大人民群众根本利益的“民心工程”来抓，动员全社会参与、支持，取得了明显成效。2011年12月济源获得全国文明城市提名资格。2015年2月28日，在全国精神文明建设工作表彰暨学雷锋志愿服务大会上，济源以优异成绩荣获全国文明城市称号，受到中央文明委的隆重表彰，实现了多年坚持不懈、孜孜以求的奋斗目标。

济源是一座奋进之城。踏着济源获批为国家产城融合示范区的铿锵鼓点，济源人民不忘初心，砥砺前行，大力弘扬“愚公移山、敢为人先”的城市精神，务实重干，务求实干，努力使各项工作持续走在全省和中原经济区前列，在全省率先全面建成小康社会，率先实现持续城乡一体化，把济源建设成又富又美的区域性中心城市。

如今的济源，太行、王屋依然巍峨矗立，济水仍在浅唱低吟，愚公移山的精神继续在弘扬传播，山水文化以一种特有的品格基因流淌在愚公儿女的血脉里……

要事回放

——济源山水尽故事

作为中原历史文化名城，济源深厚的文化积淀，使之成为中华文明的发祥地之一。这里曾经发生过众多重要的历史事件，又留下了不少名流的踪迹。秀丽的山川，悠久的古迹，处处都有历史故事。许多历史史实，也都与济源有着密切的关系。建于秦代的五龙口水利工程秦渠枋口，堪与都江堰媲美，至今仍润泽着两岸的乡民；司马承祯受诏到王屋山“自选形胜”，创建了道教“三官”，济源遂成天下道教活动中心；中国古代十大名医之一的孙思邈，晚年行医王屋山中，留下了众多的遗迹和治病救人的佳话……一件件“往事”，诉说着一段段历史，或是刀光剑影的争杀，或是挥洒文明的吟唱，济源的小舞台是波澜壮阔的中国历史的缩影，折射出的是中华文明的光芒。在现代史上，在中国人民抗击侵略者、建立新中国的革命斗争中，济源人民在中国共产党的领导下，英勇杀敌，浴血奋战，同样书写了可歌可泣的壮丽篇章！

• 轩辕黄帝王屋山祭天 •

济源流传有黄帝登上王屋山主峰设坛祭天的故事。

黄帝姓公孙，名轩辕。在距今4600年前，黄帝征服炎帝，两个部落联合后，当时的蚩尤部落也发展强大起来，他们经常骚扰炎黄部落的臣民。黄帝带兵讨伐蚩尤，从山西风陵渡过黄河，经垣曲入王屋，一路追击。由于蚩尤兵器好，善使法术，黄帝屡战不胜，就听从其师华盖的建议，到王屋山祭天，以求得天帝支持。当时炎黄联盟区域内的王屋山最高，古人认为：天帝在天宫，山高离天帝近，所以黄帝带兵来到王屋山，登上峰顶，设坛祭天。黄帝于“元年正月甲子”列席王屋山，清斋三日，然后登山至顶，于琼林台祷告天帝破蚩尤。黄帝的诚意感动了天帝，王母派九天玄女下凡，授破蚩尤之策。黄帝终于在太行山东侧的冀州将蚩尤抓住并杀了，天下于是太平，百姓过上了安定的生活。《黄帝内传》载：“为之琼林台，昔黄帝上坛，于此告天，遂感九天玄女西王母降，授九鼎神丹经阴符策，遂乃克伏蚩尤之党……”这里可以看出，天坛山名是由琼林台改称而来。又明代唐枢在《游王屋山录》中说：“北上为天坛，天下洞天第一，相传轩辕击蚩尤，受天符

轩辕黄帝王屋山祭天

黄帝祭天处

黄帝祭天表演

于此坛。”根据《尚书·禹贡》《九天》等有关史籍记载，黄帝打败蚩尤后，为感谢上天恩惠，到第三年八月，又来天坛山祭天，与西王母在此举行了一次神仙会。《格致镜原》云：“帝既与王母在王屋山相会，乃铸大镜十二面，随月用之。”原来，黄帝自与王母相会后，因为怀念王母，就叫尹寿造了十二面镜子，在一年的十二个月中，每月使用不同尺寸的镜子，用来照见当时在天坛山上与王母相会时的情景。这十二面古镜，鼻作麒麟蹲伏之象，背面有龟、龙、凤、虎、八卦、十二辰及古文字等雕刻，工艺十分精美。古镜后来散落民间。据传，唐初儒生王度曾从一奇士手中得到其中一面古镜，后来还写了一篇《古镜记》，成为唐代小说的开山之作。

天坛山顶，原有一株古松。相传是黄帝亲手栽植，因名御爱松，明代孟县知县李贯在《题御爱松》中曰：“枝柯非铁亦非铜，不受秦皇汉武封。怪势撑空临晓日，深根拔地战秋风。”此松与轩辕堂等已不复存，至今仅十方院、华盖峰尚存，见证着远古时期这里上演的刀光剑影追杀和天下太平。从此王屋山被视为天下第一祭坛，华夏一统之圣地。

夏王少康建都济源

夏（约前2070—前1600）是中国第一个奴隶制王朝。大禹治水有功，舜禅位给他。大禹去世后儿子启继承了王位，夏的建立标志着中国的原始社会基本结束，阶级社会从此开始，它的诞生成为中华文明史上的一个重要里程碑。夏总共传了14代17个王，延续近500年。

夏距今已有4000年之久，曾在五个地方立都，其中有一处在今济源市区划内。《竹书纪年》载：“少康中兴，十八年迁于原，其子帝予居原。”由此可知，济源曾是夏王少康和其子予的都城，这一点是史学界公认的。

启的儿子太康继位后，只顾田猎游玩，不理民事，使夏朝势力削弱，东夷势力遂乘机西进。东夷族的首领是后羿，以善射著称，是民间传说里嫦娥的丈夫。后羿率众夺取了夏政权。这在古史上称“太康失国”。

羿得夏政权之后，恃其善射而只顾打猎，不修民事，废弃武罗、伯困、龙圉等贤臣，却重用被伯明氏驱逐的不肖子弟寒浞。寒浞谄媚于上，施赂于外，怂恿羿田猎游玩。寒浞极力网罗党羽，将羿杀掉，夺取了大权。寒浞子浇被封于过，另一个儿子豷被封在戈。浇率众灭掉斟灌氏，又

庙街遗址（古夏朝原城遗址）

夏王少康建都济源

去讨伐斟鄩氏，杀掉在那里的夏王相。相的妻子缗正值妊娠，慌忙从墙中逃出，奔往娘家有仍氏，在那里生下少康。

少康长大，为有仍氏管畜牧的牧正。浇闻讯，派人到有仍氏追杀，少康遂逃奔有虞氏。有虞氏首领将两个女儿嫁给他，并且把纶邑这个城邑给少康居住。少康得到有虞氏帮助，不仅有了田地和城邑，而且有了一支军队。少康以纶邑为根据地，收集夏的百姓，设官分职，派人到浇处为间谍，采取各种措施积极准备恢复夏政权。这时，逃往有鬲氏的夏遗臣靡，集合斟灌氏、斟鄩氏余众，和少康联合，剿灭寒浞，复立少康。少康率众灭浇于过，又命令其子予灭豷于戈。夏政权得以复兴，史称“少康复国”。从太康失国到少康复国，经历了三代人的时间和尖锐复杂的斗争。少康是夏的第六代王，在位期间，少康勤政爱民，专心农业水利，史称“少康中兴”。

少康将都城定在济源的原（今济源火车站前的原城遗址）。少康之后，夏进入了平衡发展的阶段。据《竹书纪年》记载，少康的儿子予伐东夷，将都城从原迁往老丘（今河南开封市祥符区北），以便于对东夷的控制。

原城遗址1963年被公布为河南省文物保护单位，总面积有75万平方米，地下埋藏1～3米厚的文化层。经过对原城遗址的发掘，出土有刮削器、石斧、石镰、石箭头、石球等石器，铲、镰、箭头等骨器，盆、鼎、壶及罕见的卜骨、陶祖等文物，还有11个完整的水井遗物，这一切都佐证着原城在夏代的辉煌。

• 历代帝王封祀济水 •

中国古代对天地山川的祭祀活动，可以追溯到远古时期。济水作为一条古老的水系，自然也在推崇祭祀之列。周代，四渎已被列为祭祀的对象。《史记·封禅书》记载：“秦并天下，令祠官所常奉天地名山大川，鬼神可得而序也……水曰济，曰淮……曰江……曰河。”从这段文字可知，秦时祭祀山水已经成为帝王十分重视的国家典章制度，四渎已经列为祭祀水神的主要对象，其中济水还名列四水之首。

从隋开皇二年（582）文帝颁诏在济

水源头兴建济渎庙开始，对济水的祭祀活动逐步升级，四渎先列为“公”，后又列为“王”，祭祀的规格略低于“五岳”。到了唐代，对四渎的祭祀不但列为国家典章，而且做了详细的规定。《新唐书·礼乐志》记载，祭祀四渎每年一次，并规定了祭器的种类和数量，有详细的祭祀仪式、程序。

唐天宝六载（747），唐玄宗加封四渎，“河渎封灵源公，济渎封清源公，江渎封广源公，淮渎封长源公”。重新封号后的四渎，祭祀活动自然也要更加隆重。唐贞元十二年（796）的《济渎北海庙祭品碑》比较详细地记载了当时祭祀的盛况：“天子以迎东之日，令成周内史奉祝文宿斋……用三牲之享。”可以看出，当时的祭祀活动上至钦差大臣，下至县尹县丞都要参加，而且要按官位级别分别进行祭奠，祭品的种类也各不相同。可以断言，参加祭祀的百姓也是很多的，只是史书未予记载罢了。

宋代和元代，济水都有加封。宋徽宗封济水为“清源忠护王”，元仁宗封济水为“清源善济王”。每次加封，都提高了济渎庙祭祀的规格。

到了明代，太祖朱元璋登基之初，对济水封号进行了一次“改革”。洪武二年（1369），明太祖颁布《太祖改正岳渎神号诏》。在诏书中，他先褒扬自己的功绩，接着开始阐述改正岳渎神号的理由：“考诸祀典，如五岳五镇四海四渎之封，起自唐世，崇名美称历代有加。在朕思之，则有不然。夫岳镇海渎皆高山广水，自天地开辟以至于今，英灵之气萃而为神，必皆受命于帝，幽微莫测，岂国家封号之所可加。渎礼不经，莫此为甚。至如忠臣烈士，虽可加以封号，亦惟当时为宜……今命依古定制，凡岳镇海渎，并去前代所封名号，止以山水本名称其神……历代忠臣烈士亦依当时初封为实号，后世溢美之称皆与革去。其孔子善明先王之要道，法天下以济后世，非有功于一方一时者可比，所有封爵宜仍其旧……朕以礼祀神之意，四海称东海之神，南海之神，西海之神，北海之神。四渎称东渎大淮之神，南渎大江之神，西渎大河之神，北渎大济之神。”

朱元璋在诏书中革去了历代关于岳渎和忠臣烈士的溢美之词，唯有对孔子的各种称号不敢擅改，其意是显而易见的，那就是慑于孔子思想千百年的巨大影响。他颁诏书的真正目的，是为了巩固刚刚建立的明政权，营造自己“受命于天”的影响，是政治手段。

从明太祖开始，在明朝276年间，有7位皇帝颁发过祭祀济渎神或北海神的诏书。诏书的内容也有所变化，有“表功”的、有“告状”的、有嗣位“报告”的，内容丰富而有趣，从中略可窥见封建帝王对神灵的诚惶诚恐之心态。

清代时，封建帝王在统治手段和策略上更加小心翼翼，千方百计利用一切可以利用的汉文化影响，树立自己的形象。历代祭祀山水的典章制度，自然也要沿袭使用。清王朝规定，每遇太子继位、寿辰大典、离宫出巡、平暴治乱等大事，都要派钦差大臣前往各地祭告五岳四渎。据《济源县志》记载，康熙8岁登基，二十三年（1684）离宫出巡，三十六年“荡平漠北”，五十八年封孝惠章皇后为圣章皇后，以及康熙五十、六十大寿，都曾颁诏并派使臣到济渎庙祭奠济渎神和北海神。康熙和乾隆还分别为济渎庙亲书赐匾“沇济灵源”“流清普惠”。

古代祭祀山水的礼仪，都有严格的定制，大体有两个方面的内容。一是祭品规格及摆放次序。如《济源县志》记载的乾隆二年（1737）重修济渎庙的祭品中，有布匹、有饭食，有黍、稷、稻、粱，有盐、鱼、枣、栗、榛、菱，有鹿脯、白饼、黑饼等。大件祭品是牛、猪、羊各一头。县志还详细记载各种祭品的做

济渎庙龙池

法，摆放的位置等，极为详备。每年祭祀的费用，以清康熙二十六年为例，《济源县志》记载，当年列支的祭祀济渎庙、文庙、关帝庙的用银为108两。当时的田赋约为9亩1两，108两就相当于近千亩的田赋。济渎庙在3座庙中的规格最高。如遇皇帝颁诏祭祀，花销肯定要大得多。

二是祭祀仪式的核心部分——沉埋祭器。“沉”是投于水中，“埋”是埋于“坎”中（坎是指坑或地洞）。祭水用“沉”，祭山用“埋”。早期的沉埋祭物有金银器、青铜器，也有用人或动物作祭祀的。到唐代时，基本上形成了沉埋金龙玉简的定制。金龙又称黄金龙，是黄金制成的龙形物。玉简又称玉符简，用玉制成，一般为长方形，上刻祭祀文字。宋元以后，一直沿用投送金龙玉简的传统。济渎庙中，现存有两通元代投金龙玉简祭祀济水的碑刻，其中一通是元世祖至元七年（1270）的《大朝济渎投龙简记》。另一通是元延祐元年（1314）由大书法家赵孟頫书写的《投龙简记》碑，具有很高的文物价值。

【知识链接】

1.北魏文帝祭济渎文

乾光资耀，坤载播液。惟渎畅灵，协辉阴辟。庶象凭和，升降芳沥。蕴神包化，比土宣绩。温方涌瑞，沇源导济。引流通沧，实侔四体。作润岱宗，含云吐澧。润波湛湛，以风弥弥。瞻洪津而怀德，乘长波而钦智。泛龙仪之郁穆，灿玉轩而浮被。沉璋璧之明物，冀牲洁以归寄。

太和十九年，皇帝遣官太常寺守散骑侍景昭告于济渎之灵

2.宋徽宗封济渎诏

朕惟百川，莫大四渎。禹导沇水，是为济源。汉祠荥阳，具载祀典。国家登秩，益严岁祀。

用王仪所以致崇极之意也。河阳济渎庙清源王，利泽溥博，阴福吾民。属者，寇发邻郡，将犯县境，邑人奔走祷于尔大神。雷雨讯兴，沁河有汤池之险。旌旗刻列南岸，象羽林之严。贼徒褫魄以咸奔。闾里安堵相庆。奏函来上，休应昭然，嘉叹不忘，宜崇美号，庶答灵贶式慰民心，来格来歆，一方永赖，可特封清源忠护王。

3.明太祖告北海神文

皇帝制曰：生同天地，浩瀚之势既雄，浅深之处莫测。古昔人君名之曰“海神”而祭之，于敬则诚，于礼则宜。自唐以及近代，皆加以封号。因元君失驭，四方鼎沸，朕起自布衣，承上天后土之佑，百神之助，削平暴乱，以主中国。职当奉天地、事鬼神，以依时式古法以治民。今寰宇既清，特修祀仪。因神有历代之封号，予起寒微，详之再三，畏不敢效。盖观神之所以生，与穹壤同立于世，其来不知岁月几何。凡施为造化，人莫可知。其职必受命于上天后土，为人君者何敢预焉。予惧不敢加号，特以北海名其名，依时祭告。神其鉴知，尚飨。

洪武三年遣官阮畯

4.清世祖章皇帝亲政祭告济渎神文

毓精王屋，致雨兴云。坎德灵长，泽被万物。历代帝王，咸敦禋祀。

朕诞膺天命诏缵丕基，有率典常。命官致祭惟神鉴焉。

顺治八年遣官段国璋

5.清世祖章皇帝亲政祭告北海神文

源疏朔漠，脉源派衍。天墟汇盈，汪洋重润。

朕诞膺天命，奄有多方。谨遣专官代陈殷荐，伏惟鉴享。

顺治十八年遣官冀如锡，康熙八年遣官艾征

6.乾隆帝圣驾巡幸中州祭告济渎文

源从导沇，功著截河。伏以流谦，淆之不浊。

朕祇承默佑，稽古时巡，爰遣专官，用申殷荐，神其鉴焉。边徼敉宁。

中宫摄位，恭上。

乾隆十三年遣官胡振组

• 修建秦渠枋口 •

沁河又名沁水，全长485公里，在济源市五龙口镇冲出太行山大峡谷进入济源，然后迂回东去，汇入黄河，是黄河下游最长的支流。

沁河给这里冲出了一个丰饶肥沃的冲积扇平原，使其成为“泉甘土肥草木茂，时看梨枣堆满筐”的鱼米之乡。

为了让沁河发挥更大的作用，公元前221年，沁河两岸的人们在太行山沁河出山口，创修沁河水利工程。因渠首以“枋木为门，以备蓄泄”，得名枋口堰，百姓称之为秦渠枋口。它开创了隔山取水之先河，也是我国最早利用水流弯道原理修建的水利工程之一，不淤不塞，利泽至今，因此具有极高的科学研究和文物价值，同时也成为研究我国古代水利科学的重要实物，可与都江堰媲美，因此又被誉为“北国都江堰”。

秦渠枋口由5条水渠组成——利丰渠、广济渠、永利渠、大利渠、小利渠。5条水渠蜿蜒于沁水湾，形成“五龙分水”之势，每个渠首的进水口又有吞水状龙首石雕，故曰五龙口，又名五龙头，位于济源市区东北的五龙口镇即由此得名。

从某种意义上说，由一项治水工程中流淌出的是水，也是记忆。流水不断，

五龙口秦渠枋口出水口

时间也如不断的流水冲刷洗濯着记忆的家园。在公元225年至1568年这1300多年的时间里，劳动人民修缮秦渠枋口治理沁河，成为一场裨益千秋的“接力赛”。

三国魏黄初六年（225），河内郡典农中郎将司马孚奉诏重修枋口堰，“夹岸累石，结以为门，用代木门”，改枋木门为石门，工程历时两年。隋开皇十年（590）前后，怀州刺史卢贲“决沁水东注，名曰利民渠；又流入温县，名曰温润渠，以溉泻卤，民赖其利”。唐元和六年（811），秦渠枋口引水灌溉之利，在农业生产中发挥了极其重要的作用，旱时能浇，涝时能排，两岸草茂粮丰……

唐宝历元年（826）的河阳节度使崔弘礼、唐太和七年（833）的河阳与怀州节度使温造、元中统元年（1260）的怀州总管谭澄、元中统二年的河渠提举王允中和大使杨端仁、元天历三年（1330）的怀庆府同知阿合马、明嘉靖二十五年（1546）的河内县令胡玉玑、明隆庆二年（1568）的怀庆知府纪诚……这些治水功臣的名字大多已模糊漫漶得只剩下几个文字符号。但他们的丰功伟绩和一脉传承的治水精神，却深深镌刻在枋口石壁上，渗透于泠泠作响的水流中……

公元811年，“河内之人无饥年之虑”。公元825年，“于秦渠下辟荒田三百顷，岁收粟两万斛”。公元833年，秦渠枋口堰“溉济源、河内、温县、武德、武陟五县田”。公元1259年至1260年，“民有不饥”。公元1261年，秦渠总长达670里，经济源、河内、孟州、温县、武陟等地，灌溉田地3000余顷……

凿于广利渠渠首上游14米处的三公祠石窟，是为纪念明代济源三位治水有功、爱民如子的知县而修的。

明万历、天启年间，心系百姓安危、情牵黎民疾苦的三任济源县令史纪言、石应嵩和涂应选，先后开凿了永利、兴利等渠。清嘉庆年间，人们在永利渠闸上建三公祠，以做纪念。三公祠依岩凿洞，形如石窟。在三公祠石窟正上方刻着六个朱红大字“石公史公涂公”，与字相对应的，是三个比真人身高略矮一点的石雕像，想必应该是治水有功的三位知县了。

治水功臣自当青史留名。三公祠东西两侧立着四通石碑，每通石碑最显眼的碑额处，都无一例外地雕刻着“金石流芳”“流芳百世”“流芳”等字。下面刊刻的小字，则从不同角度颂扬了秦渠枋口的功劳和“三公”的功德。

历史在变，时代在变，一切都在变，唯独秦渠枋口的水利灌溉作用没有变。2000多年来，它始终如一地滋润着这一方土地，正如三公祠门口石联所写："永开千渠惠泽与广济媲美，利赖万顷灌溉合丰稔同功"，横批"万代霖雨"。楹联巧妙地将5条水渠的名字也融入其中。

司马承祯王屋山修道

司马承祯

唐代，司马承祯在王屋山修道，为道教的理论和实践做出了重大贡献，从而奠定了王屋山在道教中"天下第一洞天"的至高地位。

司马承祯（647—735），字子微，河内温县（今属焦作）人。他是贵族世家出身，从小就爱好学习，但不愿为官，21岁就当了道士。他在嵩山拜潘师正为师学道，很受潘师正赏识。学成之后，司马承祯遍游名山，最后选择王屋山为其修道之地。

武则天听说了司马承祯的事迹，派使者将他召至东都，亲手写诏书赞扬他。司马承祯离京还山时，武则天命麟台监李峤在洛阳桥为他饯行。

景云二年（711），唐睿宗李旦令司马承祯的哥哥司马承祎到王屋山将其迎到京城，引入宫中，向他请教阴阳术数。司马承祯说："道，就是减了又减，直到心静无为，怎么能花费心思去学术数呢？"李旦说："道学以无为治理自身是很高明的，但怎么能治理国家呢？"司马承祯说："国家就像人身，都要顺其自然。只要心里不存私念，天下便不会大乱了。"李旦叹了一声，说："道教十二金仙之一的广成子的话，也不会比你的高明。"司马承祯坚持回王屋山，皇帝赐他宝琴一张和霞纹帔等物。

在送行时，朝中百官赠诗者就有100余人。有一个叫徐彦伯的常侍，选择了其中30首最好的，结成一个集子，还为诗集写了序言，命名为《白云记》。当时，尚书右丞卢藏用指着终南山对司马承祯说："这终南山里就有不少佳处，何必非回王屋山不可呢？"司马承祯回答说："依我看来，这终南山是当官的便捷途径呀。"因为卢藏用曾隐居终南山，武则天时征召他为左拾遗。司马承祯这一说，说得卢藏用面露羞惭。

开元九年（721），唐玄宗李隆基又遣使迎司马承祯入东都，亲受法箓（用来驱邪镇魔的文字符号），前后赏赐甚厚。次年，李隆基要还长安，司马承祯请还天坛山，玄宗赋诗以送行。李隆基的诗是《答司马承祯上剑镜》："宝照含天地，神剑合阴阳。日月丽光景，星斗裁文章。写鉴表容质，佩服为身防。从兹一赏玩，永德保龄长。"这是回答司马承祯送给他的宝剑、铜镜的诗。

开元十五年，唐玄宗李隆基又召已经80岁的司马承祯至都，令他于王屋山自选形胜，置坛室以居。司马承祯对李隆基说："今五岳神祠，皆是山林之神，非真正之神。五岳皆有洞府，各有上清真人降任其职。山川风雨，阴阳气序，是都有道理的。冠冕章服，佐从神仙，皆有名数。请为他们建立祭祀的场所。"玄宗采纳了他的建议，下令五岳各置真君祠一所，其形象制度，皆令司马承祯按道经绘制。

开元十三年，25岁的李白在江陵与司马承祯相遇。这位老道一见英风豪气的李白，便夸赞他"有仙风道骨，可与神游八极之表"。笃信道教的李白受到这位道界高士的赞许，颇为欣喜，当即作《大鹏遇希有鸟赋》一首，以希有鸟比司马承祯，以大鹏自许，表示要与他神游八极。

司马承祯在书法上擅长篆书、隶书，受玄宗令以三种字体写《道德经》，校正文句，定5380言为真本，上奏玄宗。司马承祯在王屋山居住在阳台观（今阳台宫），玄宗亲题匾额"寥阳殿"，遣使送到王屋山，并赐绢300匹，以充药饵之用。后来又令其妹妹玉真公主及光禄卿韦绍至阳台宫，修金箓斋。

公元735年，司马承祯在王屋山逝世，时年88岁。玄宗深深叹息，赞扬一番后，赠银青光禄大夫，号"真一先生"，并亲自为司马承祯写了碑文。

司马承祯在其所著的《上清天宫地府经》中，把天下名山分为十大洞天、三十六小洞天、七十二福地，其中王屋山被誉为“天下第一洞天”，号“小有清虚之天”。此号奠定了王屋山洞天福地的地位。

• 孙思邈晚年行医王屋山 •

孙思邈（581—682）是中国古代十大名医之一，对中医、中药学有重大贡献。他虽是京兆华原（今陕西铜川市耀州区）人，但晚年隐居济源王屋山中，采药种药，为民治病，在王屋山区留下了很多遗迹和脍炙人口的故事，千百年来一直为世人所景仰。他在王屋山度过了人生的最后阶段，去世后就葬在王屋山天坛峰下。

隋仁寿四年（604），孙思邈习医初成。时有备身将军崔彭患缓脚风，诸医无策，孙思邈以针灸治疗，数日即愈。隋文帝诏赐官爵，孙思邈坚辞不受。大业二年（606），又以复脉汤七日服五剂治愈越国公杨素无脉症。从此，孙思邈精深的医道名闻朝野。后隐游于太白、五台、终南、峨眉、太行、王屋等名山，采百药，疗民疾，访耆老，研读前贤论著，医道愈加精进。

唐太宗即位，诏思邈至京师，为长孙皇后治病，药到病除。太宗赐以官爵，仍不受，乃封其为“真人”，并御书颂言：“开凿径路，名奎大医。羽翼三圣，调和四时。降龙伏虎，拯衰救危。巍巍堂堂，百代之师。”贞观三年（629），秘书监魏徵等奉诏修齐、梁、陈、周、隋五代史，有些史料需要核查，前去走访思邈，所答犹如亲目所见。此后，孙思邈常往来华原、长安与蜀地，为官民疗疾。

孙思邈对“养性”学很有研究。他从40岁开始重视延年益寿学说并研究其修炼办法，其内容有三：一是养性调神，二是按摩炼形，三是日常从梳头、叩齿、漱口、咽津、沐浴、睡眠、服饵（保健药）、息杂念、远声色、薄滋味、存善念、惜生灵、饮食有节、少荤多素等全面做起，持之以恒。孙思邈享年101岁，即得益于他深谙养生之道。

上元元年（674），孙思邈以疾病为由辞朝隐退，唐高宗念其有功于民，特赐良马及鄱阳公主府第，免其劳役，任其去留。从此，他来到向慕已久的王屋山下，安度最后的几年人生。

孙思邈卒后葬于何处，文献无载。王屋山孙思邈坟位于天坛山东麓庙岭的怀抱中，坐西北，向东南。当地人以唐太宗对孙思邈的封号而称其为孙真人坟。庙岭四周，三面环水，左右岗阜相抱，中间镶嵌纯净黄土，森林茂密，草木葱茏，景色宜人。墓、祠皆建于黄土浮丘之上。1996年重修坟茔时，原券冢条砖大部外露，文物部门技术人员鉴定为北宋营造制式。

墓前原有真人祠，三合院落。祠中塑真人像，美髯寿眉，面容慈祥。祠壁绘有“医虎”“治龙病”“天坛山采药”“翠微庵治病”等彩图。两厢半为碑廊，半为守祠人宿舍。日寇侵华时，损坏大半，经“文化大革命”后荡然无存。现存清咸丰二年（1852）重修碑残块，其文字曰：“古有孙真有圣庙……道光二十二年二月二日，天降其灾，一火焚化，独留残神一尊。”这里每年农历二月十五日有古庙会，来此购买药材、求神问药者无数，长年香火不断。

由孙茔向东，越过清虚河，岸上有一片平野，古名“圣药坪”，又名“庵坪”。坪上有良田数亩，相传为当年孙思邈退隐结庵、种药之地。

出庵坪，沿清虚河岸南行数里，即到“小有清虚之天”的清虚宫。这里林木茂盛，视野开阔，有一巨石，上刻“翠微庵”三个大字，落款“孙真人题”。相传这里是孙思邈为人治病之所。《济源县志》载：明宪宗成化二年（1466），陈贵《游王屋山记》中记载：“聚虎坪下翠微庵，昔孙真人曾于此置‘货药坪’……”

孙茔东北2.5公里，有一峡谷，林密谷幽。这里流传着“孙思邈医虎”的传说。相传孙思邈常在王屋山采药，一日，他突然发现一只猛虎伏卧当路，不由一惊，正想躲避，又发现老虎眼神中有一种哀求的神态，仔细查看，原来老虎因骨梗于喉，不能猎食，濒临死亡。孙为虎取出喉中骨，虎遂得救。后来，每逢孙外出采药，此虎就护卫着他行路爬山。于是，人们就把这里叫作“虎岭”。

孙思邈晚年
行医王屋山

一门诞生三进士

北宋时期的济源县令陈省华，在济源为官10年，勤政施仁，深得百姓拥戴。入朝为官后，其家属居济源又30年。陈氏教子有方，三子相继得中进士，父子四人同朝辅政，成为中国历史上的政坛奇观。北宋史学家司马光曾撰《四令祠堂记》，对陈氏父子极尽褒扬之词。

关于陈省华的祖籍和出生地，志书记载不甚清楚，只记其“祖居河朔”，出生于“四川阆中”。陈省华入仕后，历任济源县令、苏州知府、开封府尹、光禄寺卿、谏议大夫等职。其间，他对济源情有独钟，所以全家一直定居在济源。

陈尧佐

陈省华为官清正，不恋钱财，以德立身，教子有方。为了使三个儿子陈尧叟、陈尧佐、陈尧咨能在良好的环境中专心致志读书习武，夫妇二人就在延庆寺内建馆立舍，作为孩子们的肄业处所。其妻冯氏，目光长远，深知读书习文的好处，除陪伴三个儿子学习外，信佛的她晚上还抽出时间到夜香台（今济源市人民医院西）焚香祷告：“不求金玉贵，但求子孙贤。”

延庆寺是唐垂拱三年（687）创建的一座寺院，当时环境极为优美。寺周流水环绕，寺内松竹满园。寺南龙潭为济水西源，水面阔达百亩。潭内泉水喷珠吐玉，游鱼嬉戏。潭周翠竹摇曳，绿柳垂阴。司马光有诗赞曰：“林间清济水，门外太行车。”苏轼也有诗曰：“先生卜筑临清济，乔木而今似画图。”

陈氏三兄弟就在这如诗如画的环境中潜心读练，孜孜以求，终于一个个相继考中进士，陈尧咨还是状元，兄弟三人先后

【知识链接】

四令祠堂记

司马光

故左谏议大夫，赠太师右中书令秦国陈公省华有三子：长曰英国文忠公尧叟，官至枢密使、同平章事、右仆射；次曰郑国文惠公尧佐，官至户部侍郎、平章事，太子太师致仕；幼曰崇国康肃公尧咨，官至武宁军节度使。皆赠太师、尚书令兼中书令。始，秦国为济源令，县西龙潭有延庆佛舍，三子相与为学其中，既而接踵为将相，始大其家。子孙繁衍，多以才能致美官，碁（棋）布中外，故当世称衣冠之盛者推陈氏。其后，文忠公自枢密府出判河阳；文惠公与其子主客郎中述古、孙虞部员外郎知俭，康肃公之子嗣郎中宗古，前后皆为京西转运使副；主客君之子知素，后为济源尉。济源，河阳之属县；河阳，京西之属郡也。四世凡七人莅官于是，故济源之人被陈氏之政为多，秦公尤有恩于民，能使其民既去而思之。虞部君尝行部，过济源，游龙潭佛舍，见《秦公善政录》《真宗皇帝赐文忠公诗》、主客君题名皆刻于石，叹曰："吾家所以能显于世，自非曾祖父勤施政于民，三祖父力学以取富贵，何从而致之乎？至于今，子孙蒙福禄不绝，岂可不知其所自耶！"乃构祠堂于佛堂之侧，画四公之像，使子孙至者，有所瞻奉，并集三石，皆致祠下，且属光为之记。光曰："光之文，不足以发扬先君子之美，不敢为。"虞部君曰："不然，知俭之建是祠，非敢自矜弈世之美，盖欲来者见之，知爱民好学可以大其家，有以劝也。"光曰："如君之言，其志远，其事益大矣，光何敢辞？若夫四公之事业，则有国史在，光不敢及也。"

步入将相行列。陈尧叟历官同枢密院事、工部尚书、同中书门下平章事、右仆射，谥文忠；陈尧佐历官参知政事、同中书门下平章事、集贤殿大学士，以太子太师致仕，谥文惠；陈尧咨历官开封府尹、武信军节度使，卒赠太尉，谥康肃。

陈家兄弟功成名就，不仅仅得益于环境，更是他们勤学苦练的结果。北宋大文学家欧阳修的《卖油翁》一文，讲的就是陈家三子陈尧咨受到卖油翁启发刻苦习武练射的故事。陈尧咨不仅武功高强，亦能诗，奉仙观内尚存有他的《赠贺兰宗真大师》七绝诗碑。

陈省华及其子孙们为官者棋布各地，其中四世共7人在济源为官，为济源百姓做过不少好事。济源的读书人曾将陈省华在济源的善政整理成《秦公善政录》，并刻在碑上，陈列于延庆寺佛舍之内。清代编撰的《济源县志》，还记述了陈尧佐孙陈知俭为济源百姓解决水利纠纷的事：宋代沁河枋口堰废毁后，济水千仓渠除灌溉本地外，还向东为引沁旧渠补水和供应怀、孟二州城用水。因沿途富豪之家多设水磨，争水矛盾尖锐。时任京西路提举兼司水利的陈知俭便制定十一科条，以维护灌溉秩序，保证济源境内的农业灌溉用水。陈知俭在任虞部员外郎时，一次外出巡查路过家乡，在延庆寺佛舍看到《秦公善政录》、《真宗皇帝赐文忠公诗》及父辈陈述古的题词皆刻于石并在佛舍陈列，感叹不已，遂在佛舍旁边建起了陈氏祠堂（后人称四令堂）。堂内悬挂陈省华、陈尧叟、陈尧佐、陈尧咨画像，列放有关碑刻及物品，并请司马光为之作记。自此，文人雅士及周围百姓来此观瞻者络绎不绝。

• 护送陈谢大军过黄河 •

1947年，解放战争进入战略进攻阶段，党中央决定派陈（赓）谢（富治）兵团在山西平陆至河南济源之间强渡黄河，挺进豫西，建立豫陕鄂根据地，与即将挺进大别山的刘（伯承）邓（小平）大军和鲁西南的陈（毅）粟（裕）大军形成“品”字形阵势，向敌人展开战略进攻。

为了有力地支援陈谢兵团强渡黄河，太岳区党委决定由太岳四专署专员刘裕民、秘书邓志坚等人组成支前指挥部，进驻王屋山以西的张洼村，领导和指挥这次支前工作。当时，交给济源县的任务是：在半个多月的时间内秘密制造和修复62艘船只；动员和组织1000多名船工，撑船护送大军强渡；建立长泉等地的前线兵站，供应大军粮草等。

济源县委、县政府接到太岳区的命令后，立即进行研究部署。7月下旬，成立了济源人民支前指挥部，并在邵原设立了总兵站，由副县长刘任道任支前民兵司令兼兵站站长，县委宣传部副部长翟良超任副站长。接着在大军必经之地，设立了招待站、转运站和兵站。全县参加这次支前工作的达6万人之多。

老区人民为了“打倒蒋介石，解放全中国”，一听说摆渡大军渡河，大家纷纷报名。经过挑选，全县组成了由1340名优秀船工参加的摆渡队伍。同时，筹备面粉200万斤，柴草300万斤，保证了大军的粮饷问题。

济源县人民还赶修公路12条，全长75公里，栽电线杆636根，长达31公里，保证运输和通信线路的畅通，并动员了5万多名民工，集中3151头牲畜，867辆铁木轮大车参加运输，有力地保证了物资运送任务的完成。

8月23日凌晨，我军开始渡河作战。为了回避对岸守敌的强火力点，确定先在李河沟、牛湾、下关阳、大教、小交沟5个渡口强渡。左路承担突击任务的十旅和十三旅所属部队，都按计划进入了渡河地段。支援渡河的济源民兵，将渡船隐蔽地推下水去，拉到部队登船地点。这时，我军在黄河北岸35里长的沿河山头，组成了5个强大火力点，黑黝黝的炮口瞄准对岸敌堡，轻重机枪对准了敌堡的枪眼。在白茫茫的晨雾中，隐蔽在岸边的突击队迅速登上船头。陈赓司令员一声令下，几十艘战船同时起航，竞向南岸疾驶。

担任突击任务的十旅二十九团三营七连，乘着7只木船，在杜八联葫芦队的引导下，首先从李河沟渡口向南岸疾驶，行至河心，被敌人发觉。对岸敌人炮声响，我军枪炮齐鸣，但见我军重炮吐出穿膛不息的弹流，机枪飞射千万条划破夜空的金线。对岸碉堡在撼人的轰鸣中，冒起数丈高的冲天大火，敌人就再未打出第二轮炮来。首批渡河的勇士们，凭借船头，用机枪横扫滩头阵地上的敌人。65岁的船工、民兵英雄崔炳义等开的突击船，仅15分钟即渡送部队突破天险，登上对岸。首先登陆的马尚和班8个战士，冲上河滩，沿岸地堡中的敌人抱头鼠窜，我军一举攻克北村、西沃，俘敌50余人。接着，他们和后续部队一起，围歼了石山头守敌一个团，生俘敌军团长部尚德及部下1300余人。

十旅二十九团二营在牛湾渡河后，将荒坡控制。该团一营相继渡河，即向拴马村与谷堆坡的敌人展开攻击。一营二连渡河后，在无攻坚器材、无重火器支援的情况下，勇猛冲向敌营，搭人梯翻过围墙，攻占拴马村。

从下关阳渡河的十旅第二十八团二营，在战船离开渡口后，遇到敌人疯狂的机枪扫射，但在我军猛烈炮火掩护下，仍

陈谢大军过黄河时用的葫芦舟

然奋勇前进。行驶在先头的该营八连三排战船上的船工卢恒贵中弹受伤，船工郭以全抢上来接替他掌舵前进。船还没有靠岸，战士们由战斗英雄邢路芝带领，跳下木船，涉水冲上岸去，一举攻下两个地堡。从渡河起，不到30分钟，就把敌人前沿工事占领了。该营渡河以后，乘势攻占半山一个围寨，并向南长泉高地发展。

在关阳渡河的部队，发现这里山狭谷深，水猛浪急，一时难以强渡。杜八联民兵提出："我们地理熟，摸水性，由葫芦队先渡，攻克崖头堡，给部队开路。"这一请示被批准后，数十名荷枪实弹，腰系葫芦的杜八联民兵，在队长杨清魁的带领下，纵身下水，一个个像飞驰的鱼雷，直冲河心。没泅多远，敌人的巡逻船闯过来，眼看就要暴露目标，在这千钧一发之际，葫芦队员李庆常沉着地带领两名战士钻入水中，潜游到敌船跟前，跃身冲上船去，出其不意地消灭了敌人。突然，队员李庆禹身下的葫芦被子弹打中，河水直往里灌。李庆禹镇定地一手捂着葫芦上的弹洞，一手举枪射击，继续泅进。李庆常端起机枪向敌军猛射，但是，由于水猛浪急，难以平衡，射击不准。一个民兵紧划几下冲了过去，替他当枪架，李庆常把枪架在他的肩上，一梭子弹打了出去，敌人的机枪便成了哑巴。在北岸我主力部队和民兵的火力掩护下，葫芦队队员们飞速登岸，攀上崖头，和敌人展开激战，很快就炸毁了崖上碉堡。这时，北岸渡船竞发，直驶南岸。

经过4天的日夜摆渡，主力部队全部过了黄河。截至9月19日，民兵、民工及被服物资全部运完，圆满地完成了支援大军渡河的任务。在这次战斗中，有9名船工英勇牺牲，35位同志负伤，济源人民用鲜血和生命为新中国的成立做出了自己的贡献。

• 引沁济蟒 •

引沁济蟒工程是20世纪六七十年代济源、孟县（今孟州市）两县人民自力更生，发扬愚公移山精神，战天斗地的伟大创举。引沁总干渠从1965年12月一期工程开工至1975年一期扩建工程竣工，整整奋斗了10年时间。这条"人工天河"是继林县（今林州市）红旗渠之后创建的又一个大型灌溉工程，是河南省山区水利发展史上又一伟大丰碑。它像一条彩带镶嵌在太行、王屋山腰，解决了40万亩农田的灌溉问题，对改变济源的农业生产面貌起到了巨大作用。

林县红旗渠最初叫作“引漳入林工程”，济源引沁济蟒渠兴建之初叫作“引沁工程”。林县的自然条件与济源有许多相似之处，最突出的有一点，那就是两县同属太行山区，干旱缺水是制约农业生产的主要因素。1965年4月，林县红旗渠举行通水典礼仪式，济源县委副书记、县长张性勇带着各公社党委书记和有关局委的负责人组成参观团，前往林县表示祝贺并参观学习。同年秋天，由县委副书记王振邦带领的济源平原地区各公社党委副书记组成的参观团，再次前往林县学习。从那时起，济源人再次萌发了引沁济蟒的念头。

1965年秋天，济源县委决定动工修建“引沁济蟒”渠。11月20日，济源县8个公社266个大队的6000名民工组成会战大军开赴太行山腹地，摆开了修建引沁工程的战场。经过7个月艰苦奋斗，完成紫柏滩至蟒河口30.35公里的引沁总干渠一期工程建设任务。1966年7月12日，万余名干部群众在蟒河口召开引沁济蟒总干渠一期工程通水典礼。河南省委书记处候补书记、副省长王维群参加了通水剪彩仪式并讲了话。

引沁工程最难最险的是第一期工程。要在高耸入云的太行山腰修一条“人工天河”，必须在悬崖绝壁上施工，闯过许多险恶的关卡。“猴难走”“鬼见愁”“刀刃岭”“吓魂潭”，这些骇人听闻的险山

蟒不过箭

1965年冬，引沁济蟒工程副指挥长李传清向承留公社负责人授流动红旗

恶崖有80多处，工程每前进一步，都要遇到许多困难和艰险。当时，民工们靠什么去战胜艰难险阻，靠“老三篇”（当时称毛泽东主席的《为人民服务》《纪念白求恩》和《愚公移山》三篇雄文为“老三篇”），靠愚公精神。正如民工们在“决心书”“挑战书”上写的——“石头是铁人是钢，引不出沁水不还乡”，“血汗本是生命油，为了修渠当水流”。他们就是在这样的豪言壮语鼓舞下，以苦干实干拼命干的实际行动，战胜了一个又一个艰难险阻。

就这样，济、孟两县人民经过长达10年的奋战，终于建成了可与红旗渠媲美的引沁济蟒渠。10年间，愚公儿女们先后劈开300多个山头，跨越200多条河谷，凿通总长16 000多米的66个隧洞，闯过80多处险山恶崖，建造了403座桥涵洞，开挖土石方807.4万立方米，完成砌石89.72万立方米，累计投工1891.3万个，总投资3483.3万元，其中国家投资1077.4万元，建成了“引沁济蟒”大渠，长达120公里。这条“人工天河”雄伟壮观，气势磅礴，干、支、斗渠总长近2000公里，把蟒河流域200多个蛛网似的水库、水池，50多处提灌站，上万个小型水利设施，像银线串珠一样串联起来，使原来分散的“满天星”变成了“葡萄串”，灌区面积达40万亩。

引沁济蟒灌区建成后，产生了巨大的经济效益。从1968年通水至1999年，累计引水50多亿立方米，年均引水1.9亿立方米，灌溉农田83.71万亩，淤地造田6.5万亩，改良土壤5万亩，解决了山区13万人的饮水困难。昔日的“望天收”田，如今变成了旱涝保收田。灌区平均粮食亩产由原来的171公斤增加到810公斤。

名人扫描

——玉川人物自风流

悠悠历史长河，济源大地涌现出一大批优秀人物，他们前赴后继，薪火相传，书写出玉川几千年辉煌篇章。

济源历史上有2位丞相、2位状元、32位进士，高隐名道、文艺大家、侠客武士也不胜枚举。他们或以高尚的品格，或以卓越的才能，或以渊博的学识，或以耿直的气节，在不同领域取得了非凡的成就，赢得了后人的尊敬。聂政、卢仝、裴休、荆浩……是其中杰出的代表。

风雨如晦，鸡鸣不已。面对灾难深重的国家和水深火热中的人民，党继新、薛子中、于思礼等一大批仁人志士揭竿而起，为谋求独立、自由、和平、进步，献出了鲜血和生命，更加值得我们深深缅怀！

• 聂政：侠肝义胆，气壮山河 •

聂政（？—前397），战国轵邑深井里（今济源市轵城镇南）人，战国“四大刺客”之一。

聂政从小就正直讲义气，乐于助人。后来因为除害杀人，和老母及姐姐聂嫈到齐地（今濮阳境内）避难，以屠为业，维持生计。

韩国大夫严仲子（名遂）与韩相侠累（名傀）结下仇怨。严仲子为避杀身之祸，逃离韩都，找人为他报仇，听说聂政侠肝义胆，就献重金为聂母祝寿，并表示愿意同聂政结为好友，求他为自己报仇。聂政因老母健在，不敢轻易答应。

聂母病故三年后，聂政孝除，感激严仲子的知遇之恩，决心为严仲子报仇。临行前，严仲子对他说：侠累是一国之相，住处戒备森严，你需要多少车骑及壮士协助，尽管吩咐。聂政回答：人多易走漏风声，会使韩举国与你为仇，岂不误了大事？于是聂政独自一人，仗剑至韩，潜入相府，直入上阶，将侠累刺死，并格杀侍卫数十人。因为不能全身而出，聂政毅然持剑破面、挖眼，剖腹自杀。

忠孝侠义勇
——聂政

韩君将聂政尸体暴于市上，公告有能识此刺客者赏以千金。聂政姐姐聂嫈听说有人刺杀侠累，断定是弟弟所为。于是来到韩市，伏在尸上痛哭。行人见状疑惑地问：韩君悬赏千金查找刺客名姓，难道夫人不知？聂嫈回答：弟弟正是怕我受株连才毁容自杀的，我怎能怕死而毁灭贤弟的清名呢？说罢一头撞死在聂政尸旁。

聂政不畏强暴、敢于献身的英雄形象，受到后人的广泛赞扬。中国十大古琴曲之一的《广陵散》，就是根据聂政刺韩相的故事创作而成的。一代文豪郭沫

聂政

聂政祠

若根据聂政故事创作的著名话剧《棠棣之花》，为鼓舞民族士气、夺取抗日战争胜利起到了重要作用。轵城镇泗涧村有聂政衣冠冢，宋代又在冢前建起聂政祠，俗称将军庙，历代修葺，保留至今。

• 张禹：传孔圣道，为帝王师 •

张禹（？—前5），西汉经学家，字子文，河内轵（今济源市轵城镇）人，少年时喜欢在街市上观算命卜卦，成年后先到长安投入梁丘贺门下学《易》，后师从夏侯建学习《鲁论》，师从王阳、庸生学习《论语》。由于他对经学研究颇深，再后来自立门户，收徒传经，影响越来越大。西汉宣帝时，他被诸儒推荐入朝面试，赢得奉诏主考的太子太傅萧望之的好评，赞其“经学精习，有师法，可试事”，被录为博士（汉代的博士为官职，主要职责是掌管图书，通古今，以备顾问）。从此，张禹名声大振。大约在公元前45年，经太子太傅萧望之和博士郑宽中推荐，张禹成为太子刘骜的经师。

张禹在任太子经师期间，继续苦心

研读儒家学说。当时，有关记述儒学创立者孔子言行的书，经过秦代焚毁查禁，传下来的只有三种版本，一种是由鲁国的经师保存下来的《鲁论》，一种是由齐国的经师保存下来的《齐论》，再一种是从孔子的旧宅墙壁中得到的用篆书书写的古文本，称为《古论》。张禹通过对《鲁论》《齐论》反复比较斟酌，将两种版本整理成为一个本子，题名《论语章句》。

公元前32年，刘骜即位，张禹被诏回长安，加官晋爵，几年内从尚书升为丞相，最后被封为安昌侯。由于张禹地位显赫，特别是经他整理的《论语章句》被汉成帝在诏书中一再引用，书以人贵，被当时儒生广为尊奉，称为《张侯论》。东汉末年，经学家郑玄又依据张禹的《论语章句》，参考《古论》进行混合修编，并做了注释，成为今本《论语》注释本，一直沿传至今。汉代以后有关《论语》的各种注释本，如三国时何晏的《论语集解》、唐代韩愈的《论语笔解》、南宋朱熹的《论语集注》等，依据的底本都是张禹的《论语章句》。

张禹

鸿嘉元年（前20），张禹因年老多病，辞职还家。成帝赐他安车驷马，黄金百斤，加封食邑400户。张禹告老后，成帝每遇国家大事，还是要登门与他相商。张禹每次患病，成帝都要亲至府上探视。永始、元延年间，多次发生日食、地震，有传言是因王凤专权所致。成帝怕发生变故，就前去请教张禹。张禹恐为王氏所怨，就劝成帝“宣修政事，以善应之”，不要听信传言。哀帝建平二年（前5），张禹病故，谥曰节侯。

张禹的学生中，不少人都位居高官。淮阳彭宣，官至大司空；沛郡戴崇，官至少府。张禹的四个儿子，长子继承侯位，官至太常，列于九卿，其余三子皆为校尉散骑。

• 张廷珪：赤胆忠心，良谋直谏 •

张廷珪（？—734），唐济源人。少年时代就以文学知名，弱冠应科举，中进士，历任太子詹事、监察御史，封范阳县男（爵位）。一生忠心耿耿，敢于直言进谏，卒赠工部尚书，谥贞穆。

武则天执政时，要耗费巨资修佛寺，建佛塔，造佛像。身为监察御史的张廷珪认为“倾四海之财，殚万民之力，穷山之木为塔，极冶之金为像”，实不可取，也不会得到佛爷的欢喜。当今国家财政困难，百姓穷困，应首先考虑加强边防，充实国库，爱惜民力。他说：“皇上你要造佛寺佛像，那很好，这是大功德，你一下命令，要修就修，但是也要给老百姓们机会做功德啊，他们能出一文钱也是植福修德，以后要修寺庙、造佛像，何不让民众捐钱来共襄盛举呢！”武则天认为他言之有理，遂下令停止工程建设，给国库节省了不少开销。

张廷珪

后来，武则天又提出要购买河南、河北的牛羊和荆、益两地的奴婢，到登、莱两州开辟牧场，以扩充军费。但这样做不仅严重损害农民的利益，而且还会使一些贪官污吏趁机从中索贿受贿。因此张廷珪上疏武则天说：“国君依靠人民，民以食为天，有耕地才有粮食，而种好地必须有耕牛，现在牛被官府买走，耕地就没办法种，生产不出粮食，那人民只有挨饿、等死，国家没有了人民，也就称不上国家了。”武则天听了他详尽的陈述，改变了原来的决定。

唐玄宗开元初，关中大旱，饥荒严重。玄宗召集臣

张廷珪良谋直谏

子，共谋国家大事。张廷珪上疏说：“当今情势，陛下应大兴艰苦朴素之风，减少后宫人员和养马费用，使天下无蹋球之玩，田野无玩鸟之乐，抚恤孤苦，减免徭赋，取消一切苛捐杂税，这样才能安定民心。”有一年，一些文武大臣提出派兵袭击回纥，廷珪听后，极力反对，并详述了攻打回纥难以取胜的理由，被玄宗采纳，避免了一场流血战争。又有一年，河南、河北两地遭灾，廷珪上奏皇帝，减免了这两地的租税。

玄宗精晓音律，开元二年（714），设置左右教坊来教习音乐，又选乐工和宫女数百人，自己在梨园亲自教习，称之为“皇帝梨园弟子”。礼部侍郎张廷珪上疏以为：“上春秋鼎盛，宜崇经术，迩端士，尚朴素，深以悦郑声、好游猎为戒。”玄宗虽没有采用，但是为了广开言路，仍然对张廷珪做了嘉赏。

张廷珪擅长书法，尤其精于楷隶，《旧唐书》本传记载：“廷珪素与陈州刺史李邕亲善……邕所撰碑碣之文，必请廷珪八分书之。”《书小史》曰：“廷珪家多法书，亦善正隶，颇有献之之法。”开元十年(722)狄光嗣撰《唐兖州刺史韦府君遗爱颂》，同年李邕所撰《狄梁公生祠记》，均为张廷珪所书。

• 卢仝：七碗清风，名播四海 •

卢仝（约795—835），祖籍范阳（今河北涿州市），家境贫寒，刻苦读书，幼年随叔父在江浙一带生活。叔父死后，到济源武山（现思礼村）石榴寺读书，后接老母到济，买田置屋，饮茶赋诗，自号玉川子（济源古时别称玉川）。

卢仝是唐代韩孟诗派中影响较大的诗人之一，其诗文奇险瑰丽，气魄宏大，想象丰富，如惊风掠地，闪电腾空，有一股不可阻挡的气势。有《玉川子诗集》存世。《全唐诗》收录他的诗作有3卷共91首。五言古诗《月蚀诗》，借自然现象讽喻朝政昏暗，抨击宦官弄权，诗义委婉含蓄，耐人寻味。

卢仝爱茶成癖，茶对他来说不只是一种口腹之饮，而是一片广阔的精神天地。他品尝友人孟简赠送的新

卢仝《七碗茶歌》传四海

茶后，写成《走笔谢孟谏议寄新茶》，也称《七碗茶歌》或《茶歌》，是中国关于饮茶的最脍炙人口的诗歌。开头写谢孟谏议送来新茶，至精至好至为稀罕，这该是天子、王公、贵人才有的享受，竟然到了山野人家，似有受宠若惊之感。中间叙述煮茶和饮茶的感受。由于茶味好，所以一连吃了七碗，吃到第七碗时，觉得两腋生清风，飘飘欲仙。最后，忽然笔锋一变，转入为苍生请命，希望养尊处优的居上位者，在享受这至精至好的茶叶时，知道它是多少茶农冒着生命危险，攀悬在山崖峭壁上采摘来的！

《茶歌》在唐代影响很大，为茶事的普及起到了推波助澜的作用，并传为千古绝唱。茶史学家认为，唐代茶业最有影响的三件事：一是陆羽著《茶经》，二是卢仝写《茶歌》，三是赵赞立茶禁（征茶税）。卢仝的《茶歌》不仅影响了中国自唐以来的1000多年的茶文化，而且影响海外。日本著名僧人、煎茶道中兴之祖高游外在《种茶谱略》一书中写道：“茶种于神农，至唐陆羽著经，卢仝作歌，遍布海内外。”

卢仝终生不仕，《唐才子传》记其“朝廷知其清介之节，凡两备礼征为谏议

卢仝

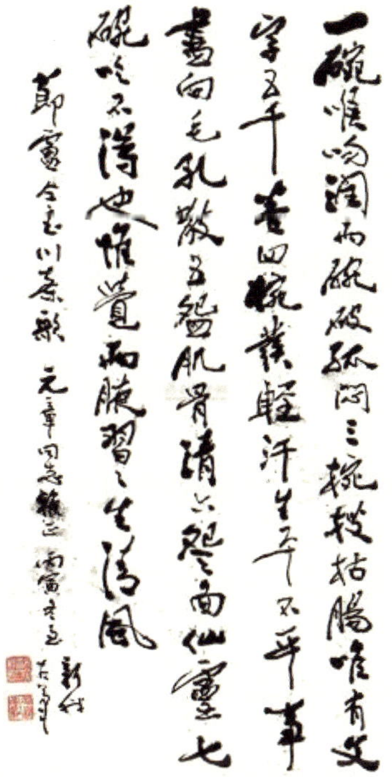

卢仝《七碗茶歌》

卢仝故里

央视网

《走笔谢孟谏议寄新茶》

大夫，不起"。其诗曰："初岁学钓鱼，自谓鱼易得。三十持钓竿，一鱼钓不得。人钩曲，我钩直，哀哉我钩又无食。文王已没不复生，直钩之道何时行。"这首诗写得极为白话：我不是不想当官，但是由于性情太直，始终"钓"不到"鱼"。昔日姜子牙用直钩钓鱼，是因为周文王识人识才。现在周文王没有了，就是有姜子牙之才，也不能用直钩钓鱼的办法了。韩愈是卢仝的知心朋友，他在《寄卢仝》诗中，有"先生抱才终大用，宰相未许终不仕"诗句，称赞他"两以谏官征不起""独抱遗经穷终始"的高尚人格，又用"先生事业不可量，唯用法律自绳己"这样既赞扬又嗔怪的诗句来鼓励他。

太和九年（835），卢仝留宿大臣王涯家，适逢"甘露之变"，被宦官杀害，归葬于济源武山故里。今武山村仍有"卢仝故里"碑。《思礼卢氏家谱》序中，有"吾本济人，唐贤仝号玉川裔"的记述。

• 裴休：少有奇志，位列卿相 •

裴休（约791—864），字公美，唐代名相，孟州济源县裴村人。唐穆宗长庆年间（821—824）考中进士。太和年间（827—835），任监察御史、右补阙、史馆撰修、中书舍人等职。会昌元年（841）出任洪州刺史。会昌三年（843），改任潭州刺史、湖南观察使。大中二年（848），出任宣州刺史、宣歙观察使。大中四年（850）回京，历任礼部尚书、户部侍郎、盐铁转运使、兵部侍郎等职。大中六年（852），升任同中书门下平章事（相当于宰相），在位5年后罢相，出任宣武军节度使，封河东县子。后以太子少保分司东都洛阳。此后，又历任昭义、河东、凤翔、荆南节度使，卒年74岁，谥赠太尉。

裴休兄弟三人，幼年刻苦攻读，“经年不出，昼讲经籍，夜课赋诗”。裴休在三兄弟中又最为“志操坚正”。一日，有人给裴家兄弟送去鹿肉，裴休说：“我等穷生菜食不充，今日食肉，异日何继？”意思是说，我们兄弟从小以菜充饥，今日吃了这鹿肉，明天就不可能再有肉吃了。与其今天吃馋了嘴，明天又受无肉之苦，倒不如今天就不吃这鹿肉，不改变原来的口味为好。结果裴休“独不肯食”。裴氏三兄弟日后皆中进士，老大裴俦仕至江西观察使，老二裴休仕至相位，老三裴俅官至谏议大夫。三兄弟皆有盛名，但以裴休为最，《唐语林》曰：“裴休兄弟三人，俦、休、俅，俱有盛名。然世谓俅不如俦，俦不如休。”裴氏后代亦多为官。

裴休

裴休为官清正廉洁，治理有方。自唐文宗太和年间起，朝廷每年在江南诸省征收漕米40万斛，可运到国家仓库的却只有一小部分，多由运粮官吏中饱私囊，或因失职中途损失。裴休除派官查处外，还任命沿途各地长官兼管漕运之事，奖励尽职者，处罚失职者。他按往年规定将漕运经费悉数拨给运粮官员，严禁巡院侵吞挪用。他又制定新法10条，立茶税12条，民以为便。如此3年，运至国库的粮食达120万斛，途中无任何损耗。当时各地方镇多设馆舍，强令过往客商缴纳各种苛捐杂税。裴休建议只许收吃、住费用，不许擅自征收政府规定以外的杂税，并将各地的土特产税一律划归盐铁转运使管理，以减

裴休故里

裴休为官清正佛德高

轻群众负担。

裴休家世奉佛，从小就对佛教经义深有研究，与禅宗有深厚因缘，与华严宗五世祖圭峰大师宗密有亲密来往，并为宗密所著的《圆觉经大疏》《华严原人论》《注华严法界观门》《禅源诸诠集都论》等作序。宗密去世后，裴休为其撰《圭峰定慧禅师传法碑并序》。裴休还曾主持重建潭州密印寺（在今湖南宁乡），捐田千亩，亲往讲学，使密印寺盛极一时，被佛门称为沩仰宗祖庭。裴休在佛教禅宗的地位很高，特别是在南方，影响甚大，湖南益阳、浙江嘉兴等地都建有裴公亭。裴休的儿子裴文德也是一位高僧，曾在江苏镇江一带讲经授法，建金山寺，后来戏剧《白蛇传》就以法海为原型，只不过把他丑化了。

裴休深得家乡人民爱戴，裴村之名至今沿用，并保留有裴休墓冢。

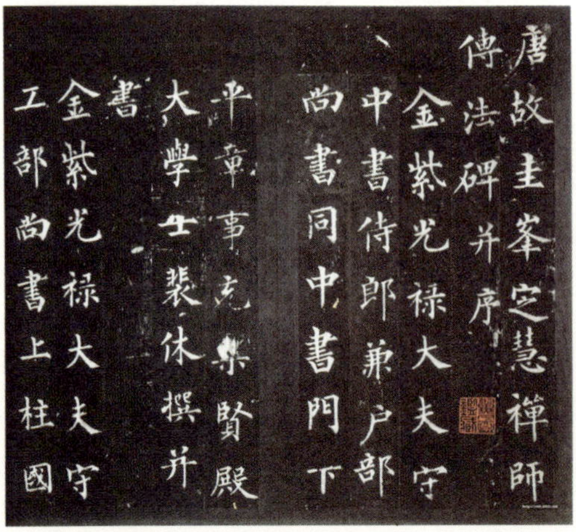

裴休书法《圭峰禅师碑》

• 荆浩：图山写水，北派之祖 •

荆浩（生卒年不详），字浩然，河内沁水（今济源市东北）人。生于唐末。为避战乱，隐居太行山之洪谷，自号洪谷子。

荆浩一生勤于耕读，博通经史，善画山水，为我国唐末至五代后梁时期杰出的山水画家。济源山水佳丽，与古都洛阳相邻，历来文风颇盛，山水风物为荆浩的创作提供了丰富的积淀。唐开元道教宗师司马承祯曾于王屋山创建阳台宫，荆浩在晚年所著《笔法记》中，将其与王维、张璪并列，赞曰："白云尊师气象幽妙，俱得其元，动用逸常，深不可测。"荆浩还曾创作表现王屋山主峰的《天台图》。同为济源人的宰相裴休罢相后，与高僧圆绍在开封扩建"双林院"，唐僖宗亲自题额，荆浩绘制壁画。

荆浩

荆浩作品见于著录的有《匡庐图》《四季山水》《三峰》《桃园》《天台》等50余幅，其中山水画占绝大部分，也有少量人物画。荆浩作品艺术特色主要有两点：一是有笔有墨，水晕墨章。荆浩曾说："吴道子画山水有笔而无墨，项容有墨而无笔。吾当采二子之所长，成一家之体。"又曰："随类赋彩，自古有能；如水晕墨章，兴吾唐代。"这两段话确实概括了荆浩画作的一大特色。二是大山大水，开图千里。荆浩之前的山水画，很少见到表现雄伟壮阔的大山大水及全景式的布局。太行山气势磅礴的自然景观的陶冶，使他的审美意识发生重要变化，认识到"山水之象，气势相生"，应以表现天地之无限、造化之壮观为目的。在上下、远近、虚实、宾主以及各种物象的全方位审视中，形成了"山水之象，气势相生"

的整体观念，在创作中往往是危峰突兀，重岩叠嶂，林泉掩映，气势浩大。米芾《画史》曾将荆画特点归纳为“善为云中山顶，四面峻厚”，“山顶好作密林，水际作突兀大石”。清人顾复在《平生壮观》中记述荆浩作《云壑图》：“峰峦重复，势若破碎，而一山浑成，无断绝之形。”

皴法的成功运用，是荆浩对山水画技法发展的一个重要贡献。《匡庐图》以中锋画山石，山头和暗处用皴法多层晕染，表现阴阳向背。黑白对比鲜明，画中瀑布是用浓墨重笔“挤”出，此种以黑“挤”白的方法，至今仍然被许多画家沿用。画中水的表现，改变了唐人鳞片勾线法，而以淡墨烘染，显示水的明暗变化，并以舟、桥等物暗示出水的存在。表现云气也改变前人细勾填粉法，只用水墨渲染，显得空灵自然。

荆浩对后世的山水画创作有深广的影响，被称为“北方山水画派之祖”，与著名画家关仝并称“荆关”。他还为后人留下著名的山水画理论《笔法记》，文中假托在神钲山遇一老翁，在互相问答中提出了气、韵、思、景、笔、墨之“六要”，比南齐谢赫的“六法论”更为成熟，是古代山水画理论的经典之作。

荆浩

荆浩《匡庐图》

荆浩墓碑

【知识链接】

画山水图并题诗以答大愚

荆浩

恣意纵横扫，峰峦次第成。
笔尖寒树瘦，墨淡野云轻。
岩石喷泉窄，山根到水平。
禅房时一展，兼称苦空情。

济源市区东北七、八公里的谷堆头村，现存荆浩墓，墓前一石碑，上书“中国水墨山水画大师荆浩之墓”。

• 傅察：直操劲节，不辱使命 •

傅察（1088—1125），字公晦，宋孟州济源人，18岁登进士第。时蔡京为相，闻其名，欲以女儿许他，遭拒。历任青州司法参军、永平等县县丞，太常博士、兵部员外郎。

傅察

宋徽宗宣和七年（1125）10月，傅察奉命出使金国。当时金已经违背盟约，下令攻打北宋，而宋廷却不知晓。傅察到燕地，闻金兵要入侵大宋，随从人员劝说他不要再前进了，傅察说：受命在外，闻难而止，怎能完成君王交给的任务呢？

傅察等到达韩城，并未见金使到来。数日后，忽有金兵数十骑闯入驿馆，强令傅察等上马而行，遇金国二太子斡离不领兵至。斡离不令傅察跪拜。傅察说：我出使贵国，见国主当致敬。今来迎客，被胁至此。太子虽贵，也是人臣，当以宾礼相见，怎能向你跪拜？斡离不听了怒气冲冲地说：我兴兵伐宋，哪来的使臣？你要把你们国内的情况告诉我，否则只有一死。傅察义正词严地说：我主仁圣，与你国讲和，信使往来，以礼相待，从未失德。今太子背盟，到底想干什么，我当还朝禀奏圣上。斡离不更加恼怒地说：你还想返回宋朝吗？喝令左右强迫傅察跪拜。傅察数次被摔倒在地，衣袖也被扯裂，但仍昂首挺立，威武不屈。斡离不命左右将他带走。傅察对随从人员说：我去必死，请转告我的父母，我为国而死，死得其所。斡离不从傅察口中什么消息也没有得到，遂将其杀害，时年仅37岁，赠徽猷阁待制，南宋孝宗乾道年间赐谥“忠肃”。

傅察生前著有《文集》3卷。其孙伯寿集其遗文题名《忠肃公集》。

• 党继新：筚路蓝缕，撒播火种 •

党继新（1906—1932），字铭盘，化名李铁、李天德，出生于济源西水屯村贫苦农民家庭。他在开封第一师范高中部求学期间，于开封覃怀会馆成立济源旅汴同乡会，和同学们一起阅读《向导》《新青年》等进步书刊，积极参与反帝、反封建、反军阀斗争的宣传活动。1924年党继新在学校秘密加入中国共产党。

1927年，党继新受党组织派遣回到济源，联合开明绅士建立国民党济源县临时党部，并以此作为合法阵地，在各学校秘密成立“读书研究会”和“学生联合会”，组织青年阅读书刊，传播革命思想。1928年，中共济源县特别支部成立，他任支部书记，以教书为名从事革命活动。1930年秋，中共济源县委成立，他任书记。1931年秋，党继新和县委宣传部长薛子中齐心协力，将革命活动由学校发展到农村，先后建立了新庄、大河里党支部。

九一八事变后，党继新组织济源师范和其他学校学生，召开抗日救亡大会，激发群众的反帝爱国热情。在他倡导和主持下，成立了全县“反帝大同盟”和“红色救济会”，并被推选为“反帝大同盟”主席。同年冬，党继新调任省委巡视员，薛子中接任济源县委书记。

1932年4月10日，党继新和薛子中等数十人，占据了太行山上原大寨东侧的黄背坪，打响了豫晋边游击战争的第一枪。起义失败后，他以省委巡视员的身份到达焦作，同许子善、翟茂林、马龙图等人共同组建了焦作中心县委，并任书记。5月，他在济源轵城大明寺主持召开会议，重新组建中共济源县委。6月，他在沁阳紫陵宣布成立中共济沁边临时党总支部，任书记。7月，省委书记张振亚在济源石河村召开军事会议，传达省委“豫晋边游击战争计划”，决定成立“豫晋边红军游击队”，开辟豫晋边苏区，与鄂、豫、皖苏区南北呼应，对郑州、开封、洛阳敌人形成夹击之势。会后，党继新等分赴各地加强准备工作。不巧，省委机关被破坏，大批共产党人被捕。正在沁阳县活动的党继新、郭大佛与上级组织失去联系，他们果断决定：迅速发动暴动，以实际行动来回击敌人对共产党人的屠杀。

1932年9月6日，党继新和郭大佛毅然领导沁阳义庄民团，捣毁沁阳第六所，举行起义，成立了“豫晋边红军游击队第四大队”，沿太行山向济源进发。起义队伍沿途打富济贫，大造声势，以吸引敌人的兵力，解豫南5县被围之危。9月9日，又奇袭济源武山区公所，获枪10余支，子弹300多发。继而挥戈北上，起义队伍迅速扩大，成立了“豫晋边红军游击队第七大队”。不久豫晋边红军游击总队正式宣告成立，党继新任政治部主任。游击队以济源城西北的原大寨为据点，经常下山伏击敌人，除奸反霸，发动群众抗捐抗税，建立苏维埃政权。

1932年10月27日，党继新赴开封向省委汇报工作返回途中，在济源水运村被捕。面对敌人的审讯，他坚定沉着，拒绝回答敌人提出的任何问题。敌人惨无人道地打断了他的双腿，使他几次昏死过去；但他一醒来，就痛骂敌人，表现了一个共产党员的钢铁意志和赤胆忠心。游击队决定劫狱营救，党继新却对探监的同志说：“我已成残废，请不要再为我牺牲同志。”“要巩固原大寨，扩大豫晋苏区，使革命早日胜利，我虽死亦瞑目矣！”12月1日，党继新在济源遇难，时年26岁。

2009年，党继新入选河南省“60位为新中国成立做出突出贡献的英雄模范人物”。

• 薛子中：不屈不挠，慷慨死节 •

薛子中（1907—1937），原名薛作枢，又名薛绍铭、薛少明，济源市克井镇北社村人。

1920年，入漯河明德中学（教会中学）读书，曾因鼓动同学反对美国传教士奴役中国人，差点被学校除名。1926年在该校高中毕业，入冯玉祥西北军干部学校学习。毕业后，先后在冯属孙连仲、冯治安部做政治工作。1927年，参加中国共产党，任中共洛阳中心县委工作员，发展党员，建立党的组织。

1930年5月，薛子中受中共洛阳中心县委的派遣，以国民党济源县党部主任委员的身份回到济源，与党继新同志联系，进行革命活动。8月，中共济源县委成立，薛子中任宣传部长。不久便辞去国民党县党部主任委员职务，到县师范学校任训育主任。1931年冬，任中共济源县委书记。他与党继新一道将革命活动由学校发展到农村，先后建立了北社、勋掌、新庄、大河里党支部。九一八事变后，他臂戴“勿忘国耻”袖章，带领师生深入广大城乡，发表抗日演说，号召群众抵制日货。

1932年4月10日，他与党继新率领数十人占据了原大寨东侧的黄背坪，打响了豫晋游击战争的第一枪。13日，国民党济源县长何慎斋率兵数百前往黄背坪围剿起义队伍。起义军利用优越的地理条件，多次击退了敌人的进攻，打伤了何慎斋，击毙了他的护兵。14日，终因起义队伍寡不敌众，党、薛二人决定：转移隐蔽，待机行动。薛子中带队转移脱险后，身染重病。病愈后带其胞弟薛作楫和学生王承恩到鄂豫皖苏区，任教员、记者。1932年冬，薛在随红军转移中被俘，设计脱逃后隐蔽在岳父家。之后，又到濮县教育科任职。1934年5月，他与王慕霞一道，先后到福建、江西、湖南、广东、广西、贵州、云南、四川等省份，寻找红军长征部队，沿途写了大量采访笔记。1935年11月，薛子中到达川康边境，仍未赶上红军而返豫。“一二·九运动”爆发后，薛奔赴平、津前线，任国民革命军第二十九军三十七师冯治安部少校秘书。1936年8月他的采访笔记汇集成《黔滇川旅行记》，由中华书局出版发行。该书深刻反映了劳苦大众的苦难生活，尖锐揭露了贪官污吏、土豪劣绅欺压群众的罪恶，披露了红军在长征中的神速行动和严明纪律，并认定：欲改善人民生活，唯有摧毁旧制度。

1937年七七事变后，受华北抗战委员会派遣，他于9月离队到达开封，化名薛绍铭，以抗日督导员身份回到家乡，任济源县抗日民众动员委员会主任。他首先把自己的学生和战友、中共党员成介三（守谦）、王承寿、原有信等召集起来，共商救国大事，分工包片动员群众抗日救国。他主办抗日训练班，邀请各界抗日人士到训练班讲课，培养了大批抗日骨干。他还先后到上百个村镇，发表抗日演说，动员群众抗日。薛的行为，引起济源少数反共士绅的不满，国民党济源县长杜光远也以种种借口，剥夺了他主办抗日训练班的权力，禁止他在县城演讲。薛为了避免摩擦，团结抗日，就离开了县城，回到北社。杜光远遂派一个保安中队驻扎勋掌，跟踪监视他的行动。

1937年12月，薛子中与成介三、王承寿、原有信等在北社组织附近村庄数百名群众举行抗日游行，并缴了驻勋掌的保安中队的枪，发表《告全县群众书》，号召全县人民奋起抗日。次日，薛带着抗日队伍到玉皇庙，受到当地抗日群众的热情欢迎。杜光远得知后，声言这是共产党的地下活动，决计派兵围剿，严惩不贷。12月29日，薛子中等带着队伍到达大峪村，同原先赞同共举抗日大业的李中兴部会师。不料李已被杜光远收买，暗中通知反共红枪会头目李万超，纠集数百会众，突然将薛子中等35人扣押。

12月30日，薛子中等被押解下山。途中，薛利用休息时间，对前来观看的数百名群众发表了长达一小时的演说，历数日军侵华暴行，号召大家团结一致，抗日求生。当薛等被押解到老鼠庄（今子中庄）对面河滩时，杜光远派的刽子手已经赶到，不问情由，宣布“就地正法”。薛要求将其带到县城审讯，遭拒绝；又提出只杀自己一人，又被拒绝。除6个小孩幸免于难外，薛子中等29位抗日志士全部被害，薛时年仅30岁。

• 于思礼：抗日驱倭，英名千古 •

于思礼（1913—1943），1930年在济源师范读书时，阅读大量进步书刊，开始革命活动。1934年，师范毕业后，到济师附小教书。1935年，加入中国共产党。抗日战争爆发后，积极开展抗日救国宣传。1937年11月，于思礼任中共济源县委宣传部长。1938年2月，日军侵占县城后，于思礼在城西北和城南一带，组织地方武装配合友军，攻击济源县城。8月，任中共济源县委书记，坚持党的统一战线政策，亲自编写抗日战歌："国民党，共产党，现已在一条战线上，协作奋战贡献全部力量，一道奔向抗日最前方。"1940年，任组织部长，参与建立八路军兵站。1941年，任中共济源县委书记，打入伪保安司令所属某部当文书，利用敌人之间的矛盾，促使国民党部队起义，投奔八路军。1943年，任中共济源县委副书记，以经商为名，时常出没于县城和武山村等日伪据点，侦察敌情，开展地下工作。10月在一次研究工作时，于思礼不幸被捕，后被秘密活埋于武山村后的山坡上。为纪念烈士，新中国成立后将武山村更名为思礼村。

寻根问祖

——几多姓氏出原城

寻根问祖，究本探源。中华文明的源头，中华民族的发祥地在中原，这是当今世界范围内华人的共识。中华民族的姓氏之根（主要指汉民族的姓氏）绝大部分在中原，而广义的中原，包括今天河南省的大部及陕西、山西、河北、山东的一部分。

济源地处中原，是济水之源，历史上曾是诸侯建国的名邑。在中华民族的姓氏中，有多个发源于济源。当时西周的三公和苗姓封地在济源，即召公、芮公、毛公、苗亭。另外，济源是东周分封采邑较多的地方，见诸史料的就有13个。这些以国或邑为氏的毛、向、芮、邵、樊，以封地和住地为氏的原、苗、温，以王父字为姓的皮等姓的人繁衍发展至今，形成或大或小的宗族，在世界各地生活、奋斗，创造了并继续创造着人类历史文明。然而，他们不会忘记，追根寻源，其姓氏的发源地是济源。

源于济源的姓氏，有个特点，那就是得姓历史大都久远，经繁衍播迁，在国内国外都有广泛发展，但多数应属于比较典型的北方姓氏，因此生活在中原、北方省份的占主流。还有，因由姬姓分衍出来的姓氏较多，故可以说，济源的这些姓氏，与今天全国范围内的诸多姓氏有着割不断的情缘。

• 采邑为姓召与邵 •

邵姓原本为召姓，出自姬姓，始祖为姬奭。姬奭是周文王庶子，曾辅佐武王灭商，成王时任太保，与周公姬旦分陕而治，是周朝的开国功臣。姬奭采邑初封在召（今陕西岐山西南），故称召公。周王室东迁后，别受采邑，在今济源市邵原。

召公因在武王伐纣中有功，又被封于燕，建立燕国。后来召公长子到封国燕国，其后传40余代，到公元前222年，燕国被灭，王族后裔散居各地，相约以祖上原封地“召”为姓。其中居住在汝南、安阳一带者，在“召”字旁加“阝”，成为邵姓。

邵

据《氏族博考》所载：“召与邵，本属一姓，后分为二。汝南、安阳之族皆从邑。”由此可见，召氏和邵氏其实同出一姓，只是写法不同而已。至于召姓改邵姓的原因，历史上没有留下史料记载，改姓的时间说法不一。据有关资料可知，至汉乃有以召为姓的，此后召姓因多改为邵，故召姓就不多见了。

• 原姓出于原国 •

原，出自姬姓，以国名为氏，起源于济源市。

夏代，“少康迁原”。《读史方舆纪要》载：“原今怀庆府济源县西北十五里，有原城。”周武王灭商朝，西周立。封周文王第十六子原叔为原伯（爵）。史称原伯贯，受封于原国。《元和姓纂》载：“周文王第十六子原伯之后，封在河内，子孙氏焉。”《通志》载：“原氏，周文王第十六子原伯之后，封于河内。……周有原庄公，世为周卿士，故以邑为氏。”春秋时原国被晋国灭。子孙为纪念故国，遂以原国名为氏，称原姓，并尊原伯为其得姓始祖。诸侯国之间不断战争，兼并到天下只有100多个诸侯的时候，原国还存在。由于原国很小，打败一次就举国迁徙一次。迁徙三次之后，原氏后人从此流散各地。

《左传·僖公二十五年》载，晋文公重耳于公元前635年冬，率兵围攻原国，预定三天攻下，但届期未克，晋文公即下令退兵。这时，侦察人员报告说："原人准备投降了。"军吏也建议不要撤兵。晋文公说："信义是国家之宝，百姓靠它来保护。如果得到原国而失掉信义，用什么来保护百姓？这样做是因小而失大。"于是，退兵30里，原国人听到晋文公的话，于是就投降了。这就是"伐原示信"之故事。因为讲诚信，不战而屈人之兵，亡人之国，这本已是一件值得惊诧的事情。然而，重耳讲诚信的收获，并不止于此次战役。随着他诚信美名的传播，国内百姓信服，诸侯纷纷依附，晋国迅速崛起成为春秋五霸之一。

原国亡国后，晋文公将原伯贯迁往稷（今山西稷山县南稷山下）。所以，原姓得姓历史悠久，距今已两千多年。目前，主要分布于太行、王屋山中以及汾河、漳河两岸，尤以河南、山西等地多此姓。

• 苗姓源于苗邑 •

苗姓是中华民族大家庭中的一个古老姓氏。

根据《通志·氏族略》《风俗通》记载，苗姓源于芈姓，是黄帝后裔楚国第一位国君熊绎的后代，得姓始祖为苗贲皇。祖地为苗邑，在今济源市西。

楚庄王九年（前605），时任楚国令尹的若敖曾孙越椒（字伯棼），想夺取王位，就发动了叛乱，但楚庄王用诱兵之计，置越椒于死地，这就是历史上的"若敖之乱"。越椒死后，家族受牵连，年轻的儿子贲皇流亡到了晋国。晋君当时是晋成公，对贲皇的到来以礼相待，封贲皇为大夫，食之苗邑。贲皇到苗邑后，很快把苗邑治理得井井有条，受到当地人民群众的拥护。

贲皇到晋30年后，在周简王十一年（前575）时，发生了历史上著名的楚、晋鄢陵之战，战斗的结果是晋厉公采纳贲皇建议，大获全胜。晋军的胜利，使晋国得以重整霸业。晋厉公对贲皇更加器重，封为佐政。贲皇尽职尽责，成为晋国的八大良臣之一，为晋国的强大做出了重要贡献。后人评说"虽楚有才，晋实用之"，形成了著名的"楚才晋用"的历史典故。

贲皇的才能和业绩，使他进一步受到

苗邑人民的尊敬和爱戴。在他的治理下，苗邑的人民安居乐业，子孙兴旺昌盛。依照当时习俗，子孙以邑为姓，统姓苗。苗邑不断发展，后来又称为“苗亭”。

苗氏宗祠位于济源市克井镇勋掌村，始建于明万历二年春，内存8通石刻，其中一石刻对联：胚胎由楚晋为王者师为伯者佐，发达在元明以爵则子以官则郎。该祠对研究苗姓的由来、播迁、繁衍和发展具有重要意义。

以邑命氏姓樊、皮

樊，又称阳或阳樊，出自姬姓，乃周文王之后。因始封者叫仲山甫，又称樊仲或樊仲山，死后谥“穆”，史书上又称樊穆仲，是宣王中兴的有功之臣，在西周晚期有重大影响。周宣王元年（前827），“宣王封仲山甫为樊侯，即樊国”。

《通志·氏族略》记载：“樊氏，姬姓，周文王子虞仲支孙仲山甫，为周宣王卿士，食采于樊，因邑命氏。”如此看来，头一个以樊为姓的是周文王的曾孙，由于他担任周天子的卿士，同时食采于樊，所以也就跟当时许多拥有采邑的人一样，“以邑命氏”而姓樊。这样推算起来，樊氏至少已有3000年历史。古代的樊地（国）位于周天子的王畿之内。《读史方舆纪要》记载：樊畿内国。或曰今济源县西南十五里曲阳城，是古阳樊也。”因此，这里便是全国姓樊人家的发源之地。

仲山甫后裔樊皮在周朝任大夫。鲁庄公二十九年（前665），阳樊邑主樊皮叛周王，次年夏，虢公出兵阳樊，在阳樊将樊皮捉住，押解进京。樊的采邑也被周王收回为公邑，委派了邑大夫管理，最后一任邑大夫是仓葛。公元前635年，在周襄王把温、原等邑赐给晋文公时，樊也被赐给了晋文公。晋把阳樊接收后，给了赵衰管辖。

《史记·晋世家》注解：“阳，邑名，樊仲山之所居，故曰阳樊。”《通志·氏族略》：“阳樊，今河南济源东南三十八里皮城是也。”就是今梨林镇裴城村。也有的史料记载在济源西南的曲阳。但究竟在何处，现已很难理清。但根据《姓纂》的记载，皮氏是“周卿士樊仲皮之后”，这位樊仲皮，正是建立樊国的

樊

仲山甫的后裔，曾经继承祖业，担任过周天子的卿士，如此一来，皮姓分自樊姓，就十分明显了。樊仲皮的后代，没有以原来的樊为姓，为何要改以王父字的“皮”为氏呢？其中，也是有缘故的。据后世的考证，樊仲皮排行是老二，没有成为樊国的继承人，又被分封在今山西河津一带的“皮氏邑”，他的子孙也就姓了皮。皮氏系出樊氏，上溯到济源的阳樊，所以，后世皮、樊两个姓氏自认是一家。

• 向姓源于向国 •

《广韵》载：“向，妊姓，出河内。”《通志》载：“向氏，祁姓。附庸之国，子孙以国为氏。”《济源市志》记载：周幽王五年（前777），“皇父孔圣作都于向，为向国”。《诗经·小雅》中有一首《十月之交》的诗，记有皇父孔圣用好多车马，迁往向城去居住的事。

《左传》记载：周桓王八年（前712），周室衰败，周桓王想拿温、原、绨、樊、隰郕、攒茅、向、盟、陉、隤、怀等12处采邑与郑国交换邬、刘、蔿、邘4处采邑。原、绨、樊、向在济源地区；温、陉、州在今温县；盟在今孟州；攒茅在今修武；隤在今焦作郊区；隰郕在后来的河内郡，具体地址不详。

《左传》记载：公元前705年夏天，盟、向二国求好于郑国，随后又背叛了郑国。秋天，郑、齐、卫三国出兵征讨盟、向，周王转移盟、向的人民到郏。郏，即王城（今洛阳王城公园一带）。清乾隆时期《济源县志》记载：“向城即周向国也。《左传》桓取向以与郑。”是说向城是周代向国，后来，齐桓公攻取了向城，把向城送给了郑国。可见，在济源的采邑中，向是最早被吞并的。

据《穀梁传》记载：鲁襄公十四年（前559）春，有晋、齐、宋、卫、郑、曹等10余家大小诸侯在向会晤。这时的向不是公邑，就是由郑管辖。

《济源县志》载：“向国在今县西南五十里，南山西曲，地名左家山。”大概在今坡头镇的左山村。

济源，赵姓的起家地

原国亡国后，晋文公将原伯贯迁往冀（今山西省河津市），将济源的原氏采邑封给赵衰，兼领阳樊，赵衰为原大夫，史称原季，是晋国的统兵大将，居卿位。

赵衰嫡子赵盾为晋国氏卿，执政20年，在河北另有采邑。后赵衰庶子赵同又继原大夫，史称原同或原叔。

公元前583年，晋景公时，赵同被杀，赵氏几乎满门灭族，只留下一个孤儿。赵同在济源的原城采邑也被晋收回，“以其田予祁奚”，即晋景公把原、阳樊给了大夫祁奚。赵氏孤儿赵武（赵盾之孙）长大后，家族复兴，又居卿位，立志报仇雪恨，战功显赫，原城采邑又归赵家。另又封了许多采邑，如温（今温县西南）在多次易主后，在晋平公时，封给赵氏。此时约在公元前548年。

《列国纪闻》载“襄子尝居原”，襄子即为三国分晋的赵襄子，名赵无恤，可见在三国分晋时，赵氏仍食采邑于原。

赵氏原城采邑的最后终结是在三国分晋时。公元前476年，晋国衰弱，韩、赵、魏三国分晋，原归了韩国，温归了魏国。

赵氏在济源经营244年，也把济源称为原县。史料上记载任原大夫的有赵衰、赵同、赵武，在原住过的有赵襄子，所以济源是赵姓的起家之地。

位于济源市轵城镇赵村的赵衰父子墓

赵

温姓之源在济源找到最新的证据

约4000年前，济源是夏王朝的都城。夏代“少康中兴”十八年迁于原（今庙街遗址），帝予在此实行对全国的统治，那时的济源成为全国的政治、经济、文化中心。

据《史记·夏本纪》载，夏代太康年间，太康不恤民事、疏于政事、大权旁落，太康临终前把帝位传给了弟弟仲康，仲康性格懦弱，朝政被权臣后羿把持。后来后羿被寒浞杀害，政权又落入寒浞之手。十多年后，仲康忧郁而死，把政权传给了帝予，予精明能干，曾协助父亲少康攻灭韩氏势力，中兴夏朝。其在位期间，发明了一种兽皮做的甲，是中国战甲的创始者。有了战甲，士兵战斗力大增，夏朝便积极对外扩张，夏朝国事也进入了鼎盛期。《竹书纪年》记载，予前期的都城是原，后迁老丘（今河南开封东北）。

温姓出自己姓，为颛顼高阳氏后裔，始祖温平，温国的缔造者，温人以国为姓，始有温姓。之所以这样讲，有两个依据：一是《唐太常丞温信碑》记载，“温，颛顼裔，为己姓”。这个太常丞温信可能是温佶，可能属于后人的误记。《国语·郑语》云：己姓、昆吾、苏、顾、温、董。韦昭注：“五国皆昆吾之后别封者。”这说明，温国与昆吾、苏、顾、董四国都是颛顼高阳氏昆吾的后代，同为己姓。温于夏代前建国，那时温人并不姓温，夏代末年，商族崛起。今本《竹书纪年》载：“帝癸二十六年，商灭温。”也就是说，商族于公元前1605年，在伐夏过程中灭掉温国。二是碑碣墓志实

温造

温

物佐证。文物专家在济源市坡头镇左山村考证发掘出《唐故太常丞赠谏议大夫温府君（佶）神道碑》云，温氏裔颛顼，为己姓，其后有平，佐夏灭穷，厥用祚土，子孙因居其邑而仍其侯。该碑有著名书法家柳公权书丹，规格甚高，史料价值极高。另外，《唐故征军左补阙温先生（邈）墓志铭并序》云："温先生讳邈，字顺之，本己姓，有平者，佐夏灭穷，受封于温，因以命氏。自平至乂，二十六代，仕周为司马，别封于祁，始为太原人。"由此可知，温族始于夏代前期，始祖名平，因助夏灭有穷氏有功，受封于温（今河南温县），建立温国。温平至二十六代孙温乂时，别封于外地。

在温氏后裔中，名人辈出。有东汉精忠报国的温序，三国魏凉州刺史温恢，西晋司徒温羡，东晋安郡公温峤，还有唐初的"三彦"——温大雅、温彦博、温彦将。在温氏历史上最辉煌的时期，温佶是太常丞谏议大夫。温邈、温造、温逊三兄弟有"三虎"之称。特别是温造，他是济源温氏彪炳史册的代表性人物。

古城印象

——王屋山下有名城

一个城市若有山、有水，自然能让人感觉到一种雄浑和灵秀，如果它们又承载着历史文化的众多记忆，那人们就不由得对这座城市的厚重积淀刮目相看，且不管这座城市是小还是大。济源就是具有这样一种特质的古城。

济源位于传统的中原文化核心区域，境内名山胜水，交相辉映，南临中华民族母亲河黄河与古都洛阳相望，北枕巍巍太行山与晋东南毗邻，西部耸立有“天下第一洞天”之称的道教名山王屋山，东连广阔的华北大平原。清代《济源县志》记载“济邑山川领袖怀孟”，优越的地理条件造就了济源这片土地厚重而灿烂的历史文化，成为中原地区重要的历史文化名城。

夏王朝时期，这里就建立了夏代都城之一的原城。周代至南北朝，兴起了轵城，由于交通发达，曾为著名的“都会之地”“天下名都”。隋唐之际，国家复归统一，济源迎来全新发展时期。隋文帝开皇二年，朝廷在济水源头建立济渎庙，祭祀济水。开皇十六年，为了便于祭祀，又把轵县北部划出专门设立济源县。从此，济源成为之后历代王朝祭祀济水神的场所，历代帝王不断派遣钦差大臣前来举行隆重的祭祀活动。

作为河南省首批公布的历史文化名城，济源历史悠久，文化灿烂。众多底蕴悠久的古城、古镇、古村，经历千年风雨，沧桑历史，历久弥新，记载着一幕幕历史传奇。位于两河环抱的济源城，王屋山上的邵原古镇，轵道上的南姚古村、太行山巅的水洪池古村等，都在讲述着济源这座名城的悠久历史和厚重文化。

济水之源济源城

济源之名，最早见于南北朝。济源古城，始建于隋开皇十六年（596），析轵县北部置济源县，与轵县皆属河内郡。在此之前，济源的前身是轵县。隋开皇二年（582），隋文帝颁诏在古“四渎”之一济水源头修建济渎庙，为了方便和配合朝廷对济渎庙的祭祀，在十四年后设置济源县和修筑济源县城。

据清代《济源县志》记载，济源古城呈长方形、周长五里二百五十步，墙高二丈五尺，宽二丈，池深一丈，阔二丈五尺。隋开皇十六年（596）建，明景泰四年（1453）知县李珩增筑，明成化十九年（1483）重修，崇祯十一年知县卢时升以砖石，清代时有修葺，民国四年（1915）邑会史补修“民国以来设城工局，城墙有塌即筑，城垛有缺即补，四周雉堞整齐”。城制四门，南、北、西皆正向，独东门辟向东北隅，似北门。县署在城中宣华街正北，隋开皇十六年（596）、明洪武十年（1377）重修，嘉靖年间知县李资元复加修葺，明末焚毁，清康熙二十五年（1686）知县尤应运重建。东城墙间置文昌阁，西城墙内置城隍庙。济源古城，自

西关汤帝庙

隋开皇年间置县始，距今已有约1430年历史。历代修筑，皆系土垣，至明崇祯十一年（1638）知县卢时升开始以砖石筑城。城池选址，因地制宜，南北城墙外以南北漭河为护城河，漭河自上（西）游而下分为两支注入城内，至下游（东）又合而为一，形成济源古城的天然屏障，它横贯城区，是济源市发展的历史见证。

目前，城内街道保留原来格局，宣华街、文昌路、汤帝路仍在使用；文昌阁、城隍庙遗址尚存，紧临城池的西关汤帝庙建筑保留完整，为河南省文物保护单位；城外济渎庙、奉仙观、延庆寺塔为全国重点文物保护单位；城南、北护城河（即今南北漭河）雄姿犹存，经过治理的河水已成为城市亮丽的景色。抗日战争和解放战争时期，县城先后四次解放，由于兵燹，城池毁没，只存北城墙遗址。

金大定十七年至二十年（1177—1180），在城墙东北角护城河上建望春桥，为拱券大桥，两肩各有拱形小券，两侧圆雕石狮各一对，桥上敷以石栏，雄伟壮观，为城乡居民经商作贾，四方游客前往县城观光旅游之通道。桥系仿赵州桥而建，名曰通济桥。明万历十二年（1584）知县王芳重修，时登桥远望青山横翠，近看绿水绕城，俯视有卢仝茶亭，称“石桥春望”，为济源古九景之一，桥名曰望春桥。清康熙五十八年（1719）邑绅殷志熙重修。20世纪30年代被侵华日军炸毁，后在保留桥基、石拱券眼和石狮古迹的基础上重建。桥上有《济源县创建石桥记》古碑一通，明天顺四年（1460）刻立，碑阳镌刻《北海济渎庙图志碑》，系王藏器撰文并篆额，史仲尹隶书。

望春桥

明代，在县西门外创建汤王庙，清乾隆十八年（1753）、四十二年（1777）重修。现存汤帝殿，关圣帝殿和紫虚元君殿，其中汤帝殿为保留明、清两代遗构的古代建筑，平面柱网布局采用减柱造，建筑进深大而阔，具有显明的时代特点，为

1983年公布的市级文物保护单位。2003年，济源市文物局组织修缮了汤帝殿、关帝殿和紫虚元君殿，复原了山门厢房等，使汤帝庙成为一处开放的文物景点，也是古城内唯一留存的古代建筑群。

在古城区内，城池毁没，城墙遗址尚存，城内街道保留部分原来格局，城内保留有十余座北街古民居院落和白衣堂、卢仝泉、古皂角树和古槐树等，遗留有古城遗址文昌阁、城隍庙、舞楼和夜香台等。今济源市新城已南移，围绕老城进行的文物古迹保护工作得到社会各界重视。

位于城北的全国重点文物保护单位济渎庙创建于隋开皇二年（公元582年），是古济水的发源地，也是历代帝王供奉祭祀济渎水神的场所。建筑的整体布局呈甲字形，占地130余亩，由济渎庙、北海祠、天庆宫、御香院4部分组成，共有宋、元、明、清历代古建筑20余座，是目前国内保存最为完整的四渎古建筑群，也是河南省现存规模较大的古建筑群之一。庙内有建于宋开宝六年（973）的济渎寝宫，是河南省最早的木结构建筑；有重建于明代的四柱三楼九踩重翘重昂木牌楼——清源洞府门，是河南省明代木牌楼之冠；有国内仅存的宋《营造法式》实物样板——北宋石勾栏；还有渊德大殿双阶遗址等早期建筑形制。庙内碑廊集中了近百通各个时期的碑碣石刻，是研究济源历史文化、皇家祭祀、名人书法的珍贵实物资料。

据《济源县志》记载，济源有“古九景”，分别为“济渎晨霞”“石桥春望”“龙潭夜月”“西湖夜雨”“沁口秋风”“盘谷晴烟”“灵山晚照”“天坛倒影”和“王母仙灯”。

• 邵原古镇 •

邵原是一个有着7000余年历史的古镇，即使从有文字记载算起，也有3000多年的沿革。随着行政区划的变更，历史上有召、郫、郫召、邵亭、邵郡、邵州、邵伯县、邵原县、王屋县（均为治所）、邵原关、邵原镇诸多名称，1990年河南省建设厅命名邵原为“中州名镇”。

■ 省边重镇

悠久的历史，孕育了邵原优秀灿烂的

邵原新貌

文化。邵原位于河南与山西交界的交通要道，为“太行八陉”第一陉“轵关陉”必经之路，地理位置十分重要。自古以来，邵原就是一个沟通豫晋交通的商贸文化重镇。据70岁以上的老人回忆，在20世纪30～40年代，仍依稀可见其“物华天宝，人杰地灵”之风采。号称“三里长街”的邵原镇，东端有东寨门（时称圈门），西端有西寨门，寨门之上有阁楼，用以瞭敌或赏景。东寨门之内，有舞楼（古戏台），西寨门之内亦有舞楼，以东西两个舞楼为轴，形成了东西街两个广场文化活动中心。如东寨门之内，街南是舞楼，舞楼东是财神庙，依次又有文昌阁，街北有“三公庙”，与街南之舞楼遥相呼应，加之“三公庙”西之大清真寺，增添了神秘的宗教文化氛围。长街西部以相连的舞楼、庙宇为中心，古文化建筑相继展开：街南是清代舞楼，两层，为演戏、娱乐之场所；舞楼广场东是骑街牌坊，斗拱，红色，正中悬“圣旨”大字牌匾，用以表彰李家贾媳杨氏贞节孝女；再往东，街北是五斗拱山门，进山门即进了广场与“上庙”的通道；拾级而上，从西往东，依次为汤帝庙、火神庙、财神庙、阎罗殿、延福院（寺），时人统称为“上庙”。庙前的广场称“庙古峦”，是一个大型区域性的群众集会与经济文化活动场所。庙古峦南也是一个坐南朝北的大戏台，与“上庙”古建筑群遥遥相对。“上庙”皆金身

金代大钟

塑像，有丰富的民间文化内涵。延福寺山门外有金代所铸大钟，为济源乃至中原第一巨钟，悬挂于三四层楼高的钟楼里。庙古峦西，依次为王家祠堂、济源巡检司署，时称“老衙门”，八字门墙，四进院落，十分威严。与巡检司署大门相对，大街南面有一巨型照壁，白粉墙，雕砖围砌，是“老衙门”之屏蔽。文化设施，东有东学堂，西有邵亭书院，方圆数十里的人才，皆从这里走出。在古镇东西两个文化区中间是商业区，两旁商店鳞次栉比，店房一律为重檐古建筑，店门全用木板，古称“板打门”，晚上装上，白天一一打开，全开放式；漫步大街，两边店里商品琳琅满目，一览无余，其繁华景象，有似江南城镇风光。板打门上有两米高的方木格，雕有本店字号及镂花。在如此格局的古镇里，每逢节日到来，钟声、唱戏声、阿訇晨夕唱经声及长街叫卖声，形成了一

邵原遗址

部特定的乐章。

■ 人文景观

(1)**史前文化遗址**。1984年，济源市文管所在文物普查中，于邵原镇发现两处古文化遗存。其一，邵原镇东北郊，有一台地，在断崖处，有裴李岗文化层、仰韶文化层叠压，从采集到的陶片的造型、颜色、工艺、花纹、质地、声响等来看，两期文化界限分明。据碳-14测定，裴李岗文化遗存距今有7600～6900年，仰韶文化距今有7000～5000年，此足以表明，邵原史前便有人类居住，是一处历史悠久的人类生息繁衍之地。其二，镇东7里东阳店，在一个斜坡的高地，有仰韶文化、河南龙山文化遗址，据科学测定，河南龙山文化遗存距今有4600～4000年，当为五帝之首黄帝时代。如此看来，裴李岗文化—仰韶文化—龙山文化—五帝时代，邵原的远古史脉络清晰。

(2)**蚩尤观**。也称尤王庙。遗址在镇东高红坡下东阳河西岸，邵原人有称“下观”的。史载，蚩尤为东方九黎族首领，勇猛善战。黄帝与之战，九战九败，后在王屋山主峰天坛山巅祭天，联合了诸部落首领，从山上打到平川，从河南打到河北，最终打败蚩尤并杀之。蚩尤虽败，但他那“战神”的形象以及发明五兵的功绩，不仅载于文献，且至今还活在世人的心里。据载，蚩尤观是清康熙年间所建。原观宇分两进院落，正殿叫“尤王殿”，殿内塑蚩尤像，殿南为戏台。每年农历三月初三当地设蚩尤庙会。1940年全观为日寇所焚，现仅存石碑一通。

(3)**三公祠**。位于今邵原东街高中校园。三公指西周周公旦、召公奭、毕公

邵原东阳店遗址

邵原遗址标本

泰和钟楼

高，他们分别任太师、太傅、太保之职，直接辅佐周天子。《史记·燕召公世家》载，“召公巡行乡邑，有棠树，决狱政事其下，自侯伯至庶人各得其所，无失职者。召公卒，而民人思召公之政，怀棠树不敢伐，歌咏之，作《甘棠》之诗”。传说召伯巡行邵原，又因其采邑徙封于邵，故邵原人修庙以纪念这位作风简朴、不扰害民众又为老百姓办实事的政治家。三公祠建于唐代，整个布局为三：临街高抬阶梯之上，有一长方形的花坛，两边有圆形花池，门楼高悬“三公祠”青石匾。第一院落，四合院，中间有甘棠（即棠梨）树，以纪念召公之仁政；第二院落，中有一琉璃阁，两层；正殿之门上悬“品正风清”木匾，黑底金字，殿里塑三公像，皆锦袍玉带，巍然屹立。在祠的围墙之上，每十步一铁人，手持笏板，肃穆站立。

（4）金代大钟。金章宗泰和元年（1201）铸造。悬挂于延福院（寺）山门之前，钟楼建筑，分两层，高10余米，巍峨耸立，是当时邵原一个风景亮点。钟体高两米余，周沿长5米，重达数吨，面铸阳文：“皇帝万岁，臣佐千秋，国泰民安，法轮常转。”从落款看，铸钟当是朝廷行为。此时金政权初建，铸钟的初衷当为“镇抚八方，安抚民心”，但其意义却远远超出铸钟之人预料。凡至新年佳节，每每击之，钟声回荡，响彻山区，以求来年吉祥好运；本地集会，诸如团练、剿匪、庆典、报警等都以钟声为号。钟声成了邵原人民文化生活的一个组成部分。

• 南姚村 •

承留镇南姚村为河南省历史文化名村，位于济源市西南8公里处，自古以来就是济源重要村落之一。南姚村位于东西交通要地，经济发达，民风淳朴，文化厚重。

南姚村历史悠久，地灵人杰，原有古建筑40余处，现存汤帝庙、关帝庙、静林寺、王氏家庙、南姚民居等，另外还有小坛小阁6处，都具有较高的保护价值。有的农户家里还保留有清代圣旨。南姚村文物古迹，数量之多为全市少见。

■ 关帝庙

关帝庙建筑整体呈中轴线对称布局，地形从南至北渐次升高，现存建筑沿中轴线由南至北依次为戏楼、山门、拜殿、关帝殿，中轴线两侧由南至北依次有钟楼、东西厢房。据调查考证，关帝庙始建于清顺治六年（1649年），距今约360余年历史。清代《济源县志》记载："关帝庙，一在东街，一在堰头，各村多有。"清乾隆十年（1745年）《历年会首碑》记载："关帝庙创建于国朝定鼎六年……至雍正八年会首生员王锡先以正殿卑隘，改建春

关帝庙

秋阁一座，然山雨时来，格扇剥落，故官稞所余创卷棚三间。”

汤帝庙

汤帝庙，为祭祀商朝第一代王成汤所建。建筑整体坐北朝南，依中轴线而建，现存建筑沿中轴线由南至北依次为戏楼、山门、汤帝店、两侧不对称分列东西厢房和接官厅。汤帝庙始建年代无考，重修于明景泰六年（1455）。清乾隆五年（1740）《重修汤帝庙题记》记载：“汤帝庙创建年代无考，重修于大明景泰六年，再造于万历六年、崇祯二年。至大清康熙七年又复新焉。延及乾隆五年，殿宇破碎，神像无依，复行修葺。”又据大殿题记，“道光十九年建汤帝大殿三楹，重修山门、广生殿、龙王殿等建筑”。

静林寺

静林寺，始建于宋代，再造于元代，明清时重修。该寺占地1600余平方米，坐北朝南，依中轴线而建，三进院落。现存山门、二门、东西厢房、中佛殿等建筑。中佛殿为静林寺主殿，面阔三间，进深四架椽，为明代单檐木构建筑，檐下为五踩斗拱，内部为五架抬梁结构，屋面坡度平缓，整体建筑较多保留了明代建筑手法和特征，对研究河南古代建筑史和地方手法具有重要价值。

村中王氏祠堂为济源地区王氏纪念

汤帝庙

地。纪念堂面阔3间，内部沿山墙及后墙依次摆放着王氏家族移居南姚后至今的部分王姓碑刻，其中25通为清雍正至光绪年间王姓家族世系碑，其余为近现代王氏世系碑或灵位碑。一年一度举行的王氏祠堂会就在这里举行，来自济源周边的王氏族人济济一堂，共同寻亲祭祖，相互交流，为村中一大盛事，影响广泛。

南姚村中关帝庙、汤帝庙、静林寺三组庙院彼此毗邻，古建筑错落有致地分布在河道两侧，在村中形成了一片古文化区域，韵味独特。这些古建筑院落布局、空间组合、建筑形制等都体现出当地传统庙宇格局建筑设计理念，具有较高的科学价值。

• 水洪池村 •

水洪池村位于河南省济源市思礼镇西北，北距山西省界5公里，南距思礼镇九里沟13公里。水洪池村地处河南济源与山西阳城交界的太行山之巅，海拔1400余米，自然环境优美。村子四周峰峦环抱，西侧紧邻深沟，村北侧与西侧环筑寨墙，寨墙上保留有古栎树近十株（已被列为济源市古树名木）。

水洪池村保留成片的建于清末及民国时期砖石民居。这些建筑依山就势，错落有致地散布于方圆5公里内，与周边环境协调一致，风格古朴。采用就地取材的块石砌筑，体现出独特的地域特色，是研究豫西北与晋东南的传统民居建筑的典型代表。民居均为传统的四合院建筑，其中一组规模较大，现存建筑20余座，90余间。该处民居多为两层前廊楼阁式建筑，青石板墙体，楼板为木质或荆条编织而成，布瓦屋面，整体建筑简洁大方，结构坚固美观，是我市一处较有特色的民居群。据当地居民介绍，该民居群中最古老的建筑已有200余年历史，有七代人居住沿用至今。另有一座房屋，在新中国成立前曾作为第一届济源县委驻地，直到新中国成立后才迁出，当地人称这座民居为“红色摇篮之所”。该民居群形制古朴，保存完好，其建筑风格在太行山区极具地域特色，在民居类建筑中具有独特的研究价值。

1943年3月至1944年8月，济源县委、县抗日民主政府由山西省阳城县桑林乡秋树

水洪池村石头房子

水洪池盘山公路

沟迁到水洪池，并在此建立武装，开创抗日根据地，领导群众积极开展抗日活动，为豫西北晋东南地区的抗战胜利做出了卓越贡献。期间，县委书记焦祖涵、县长孙渊鸣、县武装大队指导员赵守训等人居住在村民李牛柱宅院上房楼房内，李牛柱宅院为济源县委、县抗日民主政府办公旧址。水洪池古民居群既是豫西北山区民居文化的典型代表，也承载了厚重的红色文化积淀，具有重要的建筑艺术价值和历史文化价值。

由于地处太行之巅，交通不便，直到20世纪90年代水洪池村还是与世隔绝的小山村，几乎无人知晓，可谓是一处现代版的世外桃源。从20世纪80年代起，这个只有100多人的小村落，战天斗地，十年磨一剑，终于修成一条盘山公路。这条公路像长蛇一样蜿蜒盘旋在山腰，把山外的人带入山顶。站在水洪池村，放眼四望，净空如洗，绿山如画，令人心旷神怡，尘俗顿释。

考古探秘

——『秦砖汉瓦』古城垣

济源系中原历史文化名城，境内历史文化古迹多达800余处，已经被公布为国家级、省级和市级的文物保护单位分别为7处、21处和109处，数量众多，内涵丰富。

世事沧桑，丰富的地上地下文物虽屡遭兵燹，而今境内仍宫观林立，寺庙棋布，遗址遍地，古器物无数。现存的古文化遗址，数量多、面积大，大部分属于仰韶文化至明清时代的遗存，比较有名的遗址如夏代的庙街遗址，周时的轵国故城，仰韶文化时期的栗树沟遗址、龙山文化时期的沁园遗址等。除珍贵的地上遗存外，出土的文物内涵也极为丰富，其中不少堪称珍品。在轵城镇泗涧村古墓群出土的桃都树、陶风车，在某些方面填补了全国考古工作的历史空白。这些珍贵的地上遗存和丰富的已发掘及未发掘的地下宝藏，都是难得的社会文化和旅游资源。

在济源，一处处史前文化遗址，一件件出土文物，都见证着先民们在这块土地上生活留下的痕迹以及他们创造出的物质文明和精神文明。

在济源寻找夏都

1999年夏，为配合洛阳铁路分局在济源火车站的建设工程，河南省文物考古研究所副研究员陈彦堂一行对庙街遗址进行了考古发掘。以前，考古人员曾分别于1994年、1998年对该遗址进行过两次发掘。三次发掘的面积达2000余平方米，收获颇丰，仅可复原陶器就达500余件，并清理出一批保存较好的遗迹，从而使对庙街遗址进行深入的研究成为可能，并为探索豫北地区的夏文化尤其是夏都原城问题提供了有益的线索。

庙街遗址位于济源市北海办事处庙街村西，夏代至汉代文化遗存。遗址规模较大，东起济渎庙，西至济源电厂，北起小李庄，南至济渎大街，总面积约63万平方米。

1955年，庙街村群众在取土时拣到石斧等石质生活工具若干件。1959年，河南省文物工作队在遗址调查时，拣到鹿角、石刀、骨凿等遗物，庙街遗址正式被发现。历年来，省、市各级考古工作者多次在遗址内进行钻探和考古发掘工作。1959年4月，河南省文物考古工作队与济源县文化馆联合对庙街遗址进行试掘，开挖$10\times1.5m^2$探沟两条，发现该遗址是具有龙山、商代和战国等几个时期特征的文化

庙街遗址

庙街遗址考古发掘现场

遗存，清理遗物现存于河南省文研所资料室内。1960年5月，河南省文物工作队刘胡兰小队陈焕云、蒋英芬又在遗址北部开挖两条为2×10m²、5×10m²的探沟，发掘出龙山时期灰坑及西周时期方形房子一座，实物资料现存于省文研所。1986年4月～5月，焦作地区文物工作队杨贵金等在遗址中西部开挖两个探方和一条探沟，发现商周墓葬2座，汉代窑址1处，出土物现存于济源市博物馆。1989年夏，省文研所安金槐先生在遗址中部、四周进行钻探，认定庙街遗址就是文献中所记载的夏代“帝杼居原”的原城。1990年3月，省文研所袁广阔在配合焦枝铁路复线工程施工中，在遗址西部及中南部开挖5×5m²探方5个，10×10m²探方1个。1994年，省文研所陈彦堂在配合济源天坛北路，车站广场工程建设中，在遗址中部进行考古发掘，发现了龙山晚期水井7眼，商代早期铜器作坊遗址1处，西周时期车马坑1处，龙山和春秋战国时期墓葬多处以及汉代钱币作坊遗址1处。

庙街遗址中部是隆起1～2米的台地，四周是平坦的农田。堆积深度一般在3米左右，最深可达5米。其内涵大致可分为三个时段。

1. 汉代遗存

零星分布于遗址最上层，厚度一般不足1米，并为唐宋时期的小型墓葬打破。遗迹主要有方形陶窑、圆形灰坑及小型洞室墓等。除大量出土板瓦、筒瓦类建筑构件外，还出土了一批五铢和“大泉五十”

的泥范，且有铁器铸件的范、模残块和炼渣。

2. 周代遗存

堆积分布广而深，局部可达2米。遗迹包括灰坑、水井、房基、车马坑、墓葬等。水井均呈圆筒状，房基多残破，墓葬均为小型竖穴土坑。春秋墓中随葬鬲、盆、釜、罐，多为红陶，战国墓则代之以鼎、豆、壶、盘，均为灰陶。车马坑数量不多，但保存较好。1号坑呈长方形，长4.2米，宽2.7米，埋葬有马两匹、车一乘。车的轮辐尚存，车舆略有残破。车马坑后部因被现代建筑所压而无法探明墓主的情况。

3. 河南龙山文化遗存

这一时期的堆积是庙街遗址的主要内容，遗迹遗物也比较丰富。遗迹包括水井、房基、灰坑、窖穴和墓葬。墓葬均为小型长方形竖穴，单人仰身直肢葬式，鲜见随葬品。灰坑有圆形袋状和圆底两种，前者比较规整，壁面和底面多经过加工，甚或用火烧烤过。此类灰坑之较大者，直径可达5米，深3～4米，留有供出入的门道和台阶，应系当时的窖穴。

水井分圆形、方形两种。圆形井均作直筒状，直径1米左右，壁面有脚窝。方形井的修筑技法与之相似，并有在井之上另建井亭者，如一方形井，井亭为圆形半地穴式，壁面上有纵向斜立的柱洞，可知上部是以立柱斜向内收而结为顶。水井位于亭内正中，口长1.2米、宽1米，四壁陡峻而稍内收，左、右壁各有一行大小不一的脚窝。自井口向下3.4米时，地下水大量上涌而无法清理至底。填土内除大量草木灰、烧骨与螺壳外，并包含有陶鬲、盆、罐及石刀等遗物。亭井在中原地区龙山遗址中罕有发现，此例是研究龙山时代物质文化的重要材料。

房基的建筑技法可分为平地起建与半地穴式两种，地基及平面均经过加工处理。其平面形状可分为圆形与方形，圆形房基面积较小，底面及周壁多经火烧，并有分出内外间者，如一圆形房基，先在生土上挖成圆形直壁的半地穴，中部留出一道南北向矮墙，将内部分成东、西两个半圆，西部底面稍高，大约是炕的所在，东部稍低，并有不规则的灶坑。填土内包含较多的烧土块与草木灰。

方形房基多残破。以其中一座为例，平面长方形，坐北朝南，残面宽仅2.2米，进深约2.3米，亦作半地穴式。南壁一侧设有长方形踏道，踏道南端向东与一短斜坡相接，北端有横向门槛。踏道内西南角有圆形柱洞，据此推断，踏道应是上部结顶的封闭式建筑，横向的斜坡是出入的通道。房内平坦，地面烧结良好，中部和后部各发现一条长度超过1米的横向圆木痕，应是房顶木构件坍塌后的遗痕。房内门道西侧有一复合式灶，由一个椭圆形的火膛与两个圆形灶坑构成，火膛与灶坑以直径0.1米的圆洞相通，坑上所置，应是鬲类炊器。这种不可移动的复合灶设计独特，结构复杂，在遗址诸种遗迹中显得尤为重要。

遗物主要有陶、石、骨、蚌等质料。石器有磨制甚好的长方形石刀，弧刃镰、斧及箭头等，骨器以小型生活用具为主，有针、簪、匕等种类，多以动物肢骨制成，加工精良。蚌器少而保存差，多系刀、铲类工具。

陶器以灰陶为主，其次是黑陶、褐陶，可分为加砂与泥质两类，多以轮制成型，兼有模制与捏塑工艺。纹饰以篮纹、方格纹、绳纹居多，并有弦纹、附加堆纹等装饰，素面陶占相当大的比例。

上述陶器可分为炊器、盛贮器、食器几大类。炊器主要是鬲类空三足器，罕见鼎，与鬲配套的是甑。陶鬲既有瘦足单耳的，也有深腹肥足的。大者口径29厘米，通高53厘米，上部为深腹圆底罐，下部接三条深而肥硕的袋足，交接处形成三叉形宽梁，使之既可与甑配套使用，本身也兼具煮和蒸的功用。其形体之大与构造之精，可称远古炊器的精品。极少使用鼎是遗址炊具的特点。

食器与盛贮器包括碗、钵、盆、罐、杯、豆、盘、瓮、壶等器类。碗钵类小型食器数量很多，其中有一部分可做器盖使用。瓮之大者高达1米有余，非常壮观。陶豆多细柄浅盘，盘则分平底与高圈足两种。盆类器物比较复杂，既有深腹平底卷沿者，也有折腹敞口带双耳者，另有深腹带流且内壁刻槽者。罐的数量庞大，以矮领深腹小平底者居多。壶较少，分单耳与无耳两种，制作精良。

据古本《竹书纪年》记载，“帝杼居原”，“自原迁于老丘”。帝杼即帝予，或作帝宁，是夏朝第六世第七王，《帝王世纪》说他“能率禹之功，夏人报祭之，在位十七年”。帝杼的前任是太康失国后一度中兴的少康，今本《竹书纪年》曾附会说“少康归于夏邑”，“十八年迁于原”。无论少康迁原之说是否可信，帝杼居原的记载却一向为史学界所重视，原城地望也因此成为探索夏文化的重要内容。

原城屡见于古代文献。《水经注》在叙述济水的源头与走向时曾说："（济水）有二源，东源出原城东北，昔晋文公伐原，以信而原降，即此城也……南流与西源合。西源出原城西。"据此可知，原城当在济水东、西二源之间。考诸今遗址，东接济渎庙，庙内有东、西二池，池中泉水喷涌，向以济水源头视之，隋唐以降对济水神的祭祀均是在此举行的，此应即郦道元所说的济水东源。遗址西约1里，是著名的龙潭寺，寺旁有大池，俗呼为龙潭，池内泉水外流经济渎庙南而与东源之水汇合，此即济水之西源。如此，则《水经注》所记载的原城与今庙街遗址的位置相吻合。《括地志辑校》也指出"故原城在怀州济源县西北二里"，位置十分明确，可资参证。

济水之重，与夏文化也密不可分。《史记·孙子吴起列传》说"夏桀之居，左河济，右泰华，伊阙在其南，羊肠在其北"，已把济水源头地区作为夏王朝的区域，遗址恰在此范围内，其为夏都原城的可能，至少从文献上看来是有充足根据的。

就文化内涵来看，遗址以河南龙山时代遗存最为丰富，且均属河南龙山文化晚期，应该已进入夏文化的纪年范围。80万平方米的规模与丰富的遗迹遗物表明了它一度的繁荣，个体硕大的陶器更不是一般的聚落所能见到的。而且以往的考古工作中曾出土龙山时期的陶祖与卜骨，这些文化现象与作为王都的地位是相称的。虽然遗址未能显现出如二里头遗址那样的辉煌，但这可能与夏王朝在此经营时间不长有关。即使我们相信今本《竹书纪年》的有关记载，自少康十八年迁于原到帝杼五年自原迁于老丘，其间亦不过10余年的时间。河南龙山文化遗存的年代差距不大也可作为这一问题的旁证。

据《左传》《水经注》等文献记载，周武王封弟原叔于原，周襄王以原赐晋，晋文公伐原后以大夫赵衰为原伯。周代之原，文献中均确指今济源。遗址出土的大量周代文物及车马坑等重要遗迹，均可视为此说的物证。由周代原城的确认上推夏代原都，也是论证原城地望的一条途径。

据此，通过对文献的考察和对遗址文化内涵的分析，今济源市庙街遗址应即是夏朝帝杼所都之原。

• 轵国故城寻踪 •

轵国故城究竟建于何年何月，现已无可稽考，但建城年代最迟可以推到春秋时期。

轵国的前身只是一个小小的村落。

据《左传》记载：周襄王十七年（前635），晋国军队包围了阳樊（今承留镇曲阳村），阳樊城守仓葛遂率阳樊居民退聚轵村，始以战车列卫，继而筑城，遂易名轵城。

春秋初期，中原分布着50多个大小诸侯国，这些国家既有大小之分，又有强弱之别。疆域面积、经济实力、人口数量等因素的不平等，使这些诸侯国之间频繁地发生着战争。为适应战争和安全防护的需要，各国纷纷设防，城郭普遍出现，当时的轵城“撤村落”而“建围城”，大概也是社会趋势逼迫使然吧。

轵国古城东墙遗址

古城墙，主城墙高1～9米，宽6～38米，整座城池呈不规则的长方形，南北约1956米，东西最宽约2088米，对于当时无任何现代化施工机械的劳动人民来讲，这绝对称得上是一项庞大的工程。国家的稳定、百姓的安康，为经济的繁荣铺平了道路，由村而为城的轵城，很快被划到东周畿辅要地的范围之内。已经富甲一方的轵城在群雄逐鹿的战国时期，又被韩国占地利之便，作为自己的都城。

西汉高后元年（前187），汉惠帝之子刘朝被封为轵侯。在接下来的年代里，又相继有汉文帝时的薄昭、两晋南北朝时的李寿和寇赞来轵为侯。这些王侯缙绅的到来与交替，使轵城更加喧嚣，使轵城的贸易更加繁华。

古轵国的“国字号”在隋开皇十六年（596）取消，变成了轵县，与地处其北部济源县并驾齐驱，同属河内郡（今河南沁阳）的管辖范围。风华已逝的古轵国一蹶不振，在唐贞观元年（627），广袤的疆土

清代所置的轵城北门石额『古轵国』

在唐太宗李世民御笔的挥动下又开始新一轮的“排列组合”，已并入河内郡的轵县在行政区划的变迁中，被划入济源县的版图之内。

自此，轵国故城渐渐沦落为普通的村镇。虽然清代所置的轵城北门石额“古轵国”仍在，但它只能印证轵城在战国时期是一个都会之地。

2000多年时间过去了，残高约8米、底宽约10余米的轵国故城土墙依然能用“巍峨壮观”4个字来形容。轵国故城内曾经恢宏的殿宇、喧闹的街市早已烟消云散，唯有这厚厚的土城墙仍固执地矗立着，勾勒着古城的轮廓和自己高大逶迤的剪影。南城墙的断面非常清晰，每个夯层两三指厚，夯窝密密麻麻，触摸时感觉像石头般坚硬。据记载，春秋时期筑城用的是版筑方法，就是四周用木板堵起，中间填上薄薄的一层土，再用夯把土打坚实，打好一层后，把木板上移，填土再打。为了保证结实，中间填土层是非常薄的，而最为重要的是，这一层一层湿润的土中和进的不是水，而是米汤。

2000多年前，古人一锹锹堆起土，一下下夯实，平地夯筑起高大的城墙，庞大繁复的工程完工后，荒原变成了城池、变成了家园，富庶而安乐。而今，城墙内的景物一览无余，2000多年的岁月已经抹平了地面上几乎所有的古轵国建筑，风雨中唯余绵延数里的城垣，如古城庞大的骨骼矗立原野，默默地静观人间兴衰荣枯。

近些年来，轵国故城内的夯台、圪瘩

坡、制陶遗址、焚修香院、古墓群以及泥沟河遗迹等重大考古的发现，把人们的目光一次次地吸引过来，关注起这个被岁月遗忘的古城。

圪瘩坡位于轵国故城内的西北角，过去这里的地势是城中最高的，相传为古轵国的宫殿区，人称金銮殿，地势的至高无上，大概也是权力的一种象征吧。20世纪50年代在此修建粮库时，曾发现了大面积的夯土层。1978年，新乡地区文物普查队曾在城墙的西北角发现了少量的仰韶文化时期的彩陶片，说明此处是一处仰韶文化时期的遗址。

面积约10 000平方米的夯土台位于古轵国的东北部，虽无明显的夯层，但土质非常坚硬。文物工作者在此考察时，曾在夯土台的断崖上发现一枚王莽时期的“大泉五十”钱币，十分珍贵。

在主城墙两侧的辅城墙以及城内外的田野里，到处都是各种各样的陶器残片。据悉，这些宝贝大多都是当年的残次品。2000余年的时光，让这些残次品变成了宝贝。由于数量多，品种全，如在轵国故城内出土的红釉陶罐、釉罐炉、釉罐盆、釉罐壶、釉罐杯、釉罐仓、釉陶灶及釉陶井等，依照这些陶器，我们完全可以想象甚至可以复原古轵国人们的生活画面。位于故城西南部、上河村北侧、泥沟河东岸的制陶作坊遗址，我们已无须多言，就当是当时发达的制陶业留下的一处雪泥鸿爪吧。

轵侯焚修香院其实就是今天位于轵

大明寺

城镇的大明寺。虽然今天的大明寺偏居一隅，可对于当时的轵国故城来讲，它可是处于城中心最繁华的闹市区。在汉代的古轵国，出于逢年过节祭祖的需要，一座占地面积达2万平方米的古建筑群焚修香院建起来了。

北宋仁宗年间，佛教盛行，原为祭祀祖先的焚修香院迫于形势改为佛教的寺院，山门上的金字招牌也由原来的焚修香院易名为通慧禅院。金末，通慧禅院“既罹兵烬，倒为丘墟”，在金戈铁马中被夷为平地。元至元十三年（1276），通慧禅院住持总公筹划重建，后任住持克公和恩公又痴心不改，历时33年终于使通慧禅院在废墟上重新站了起来，从此更名为大明寺。

无论是谁到了大明寺，都会直奔中佛殿，在中佛殿前那棵树围达2.94米、高20余米的娑罗树下久久地伫立。娑罗树距今已有1000多年了，在大明寺里，它就是那个时代迄今还活着的历史的见证者。

轵国故城的厚重文化和它的奢华富足不仅表现在地面上，更多的深埋在厚厚的土层之下。在故城的东北角有一处面积较大的古墓群，有土坑墓、土洞墓、空心砖墓、砖券墓等。在这些墓葬中发掘的铜鼎、铜戈、铜镞、布币、陶豆、铜奁等，随便哪一件，都能为历史下一个长长的注脚。

在古轵国发现的各种文物中，陶制的禽兽塑像和舞蹈俑、优伶俑、杂技俑、说唱俑、伎乐俑、育婴俑等人物造型，真乃惟妙惟肖，活灵活现，其逼真的神态、精妙的手艺让每一位观者除了啧啧称赞外，剩下的便只有对古人无尽的喟叹了。

很难想象，这样一个大规模而且商业发达的故城，当时会是怎样的繁华，按照文献的记载和考古发现，今天的人们只能凭借想象去勾勒出一个大致的面貌：金碧辉煌的宫殿、鳞次栉比的民居，纵横交错的街衢、纷繁喧嚣的市场……帝王将相、文人墨客、仕女商贾、江湖侠客、流寇盗贼、游民乞丐……

一个城市的历史，是城市发展的脉系。古城墙的残垣断壁栉风沐雨，细说着当年古国的繁华；城墙下的秦砖汉瓦无声怀想，回忆着那久远的历史岁月。2000余年的世事变迁、市井喧嚣、金戈铁马，都已深藏在这厚厚的夯土层之下，唯有这条在济源人身边蛰伏了很久很久的“巨龙”，仍然昭显着这座城市的个性和品位。

• 泗涧古墓群中的惊人发现 •

泗涧古墓群，位于市区南8公里许，焦枝铁路东侧，泗涧村东的岭坡上。墓群从东到西绵延5公里，遍布于泗涧村与张金、郭庄一带的丘陵之上。其中尤其以泗涧沟墓地、桐花沟墓地最为著名。

轵城，春秋时为轵国，西汉至南北朝，曾四度封为侯国，故贵族及官吏死后，多埋藏于此。此地属丘陵地带，涧溪萦绕，风景清幽。绝大多数为汉墓，也有宋墓。已暴露的墓形都较完整，有砖砌的八角亭式和窑洞式，还有土洞。砖为空心砖和条砖。空心砖为汉砖，上有花纹图案，烧制得相当精致，有柿蒂纹、五铢钱纹，以及人物、轺车、动植物图案，反映了当时工匠的高超技艺。1969年，为配合焦枝铁路的修筑工程，原河南省博物馆曾在泗涧清理发掘了50余座秦汉墓葬，所出土的桃都树、陶风车等珍贵文物曾轰动考古学界。陶风车的出土，证明了我国北方劳动人民在西汉晚期已开始用风车扬谷，纠正了我国农用风车始于北宋的谬误。1978年11月，新乡地区文物普查工作队还在此古墓区采集到灰陶壶、八棱小罐和铜镜等文物，对于研究古代墓葬和文化，均有一定价值。1991年，修焦枝铁路复线，河南省文物考古研究所对该地的古墓进行大规模系统而科学的发掘，其中泗涧沟墓地发掘战国至东汉墓葬105座，桐花沟墓地发掘战国秦汉墓葬108座，出土了陶、铜、铁等质类文物数千件。

■ 桃都树

泗涧古墓群出土的文物中，有一件应该说是天下第一，至少到现在为止别的墓葬还没发现过，它叫桃都树。

桃都树，现藏中国国家博物馆，国家一级文物，1969年济源市泗涧沟出土。器物通高69厘米，重22千克，红陶胎。树座呈三叉形，上饰高浮雕人物、玉兔和蝉。树干呈圆柱形，上部分三层，每层有三枝，枝生叶，叶分三式——单叶、三叶、四叶。叶前静卧禽、猴、蝉、獐、鹰五种动物。树干顶端一只长颈戴冠的天鸡伫立其上，树干的上部叶片与天鸡的表面施浅绿色釉，下部和底座施红褐釉。

桃都树不仅反映了汉代制陶技术水

平，也反映了汉代的意识形态。《太平御览》中有这样的描述：“东南有桃都山，上有大树，名曰桃都，枝相去三千里，上有一天鸡，日初出，光照此木，天鸡则鸣，群鸡随之鸣。”由此可知桃都树是古代传说中的一种神树。这件文物出土时，郭沫若先生还健在。他经过反复考证后，确定这便是古代传说的桃都树。这株代表吉祥的神树陶器代表了汉代人丰富的想象力和制陶技术水平，是汉代施釉陶器中的珍品，具有重要的历史、艺术、科学价值。按郭老所解，这位墓主人应是一位地位较高的文化人，随葬桃都树寓意墓主人的后代日后能一鸣天下。1969年在济源轵城泗涧沟汉墓出土的桃都树，是研究两汉时期人们社会生活和精神信仰的珍贵实物资料，得到了郭沫若先生的大力赞赏，他的《文物二三事》就对桃都树进行了专门记载。

汉彩绘多枝灯

汉彩绘多枝灯，现藏济源市博物馆。

此件多枝灯通高110厘米，由底座、承盏、灯盏及龙形饰组合而成，泥质。下部由一个覆钵形底座和一个喇叭形承盘组成，上有两组同向运动的山羊、猎狗、小蛇和剑状树等。动物或奋蹄奔腾，或俯首前行。中部分为两层，每层皆由一个承盘、一个擎柄及灯盏、羽人驭龙饰件组成。上层灯盘为圆形浅盘，盘口伸出扁喙长颈鹤首。下层承盘插枝向内弯折处骑一驭者，驭者头梳高髻，身穿紧身衣，双手平伸，双腿紧夹灯枝。驭龙大张其口，两颚长而弯卷，翅下有并拢前伸的一对前肢。上部由承盘、擎柄、凤形顶灯及羽人组成，擎柄上承朱雀形顶灯，雀首饰朱色彩绘，昂立于灯盘上，羽翼纹理清晰，作势腾飞。

陶灯是古人的日常用具。作为随葬品，墓主人用它作为冥间之物，同时也体现生前的富贵。

这件陶灯不仅让今人了解到汉代制陶工艺，而且为研究汉代人的升仙意识及厚葬思想提供了实物资料。

鸟首流带盖铜盉

该铜盉于1973年出土，高14厘米，口径7.2厘米，现藏济源市博物馆。

铜盉为青铜质地，球腹，直口，上有盖，盖与口之间有钮连接。盖上中心为一兽首形钮，周围装饰蟠螭纹，腹侧有流，弯曲成鸟首形，上面满饰羽纹，流口状如鸟喙，上颚可以自由开合，方便水流。流口与颚片相连，之间有钮连接。铜盉腹部与流呈90度夹角处有一中空的把柄，把柄做成龙首形，龙口向外张开。铜盉下部有三兽蹄形足。

铜盉为古代调酒、温酒的器皿。造型优雅稳重，纹饰精巧细致，为汉代日用青铜器中的代表作。该铜盉的出土为研究汉代青铜工艺提供了实物资料。

鸟首流带盖铜盉

• 黄河北岸的栗树沟先民遗存 •

栗树沟遗址属仰韶文化遗存，位于济源市坡头镇栗树沟村北侧，是黄河北岸重要的史前文化遗存。

该遗址地处一块高台地之上，四周为断崖，寺河、仙沟河（当地俗称东河、西河）从其两侧由北向南流过，高台高出两侧河面约20余米。遗址平面呈不规则长方形，南北长约130米，东西宽约150米，总

栗树沟遗址

栗树沟遗址标本

面积约19 500平方米。

该遗址未进行过正式发掘。1966年至1993年，各级文物部门多次对遗址进行考查。根据断崖处暴露的遗迹，可知文化层厚度约3米，地层共分七层。该遗址文化内涵丰富，发现的遗迹有房基三座、多个灰坑、墓葬三座。采集到的文化遗物以陶器为主，兼有少量石制工具。陶器较多，陶质分为泥质和夹砂，在夹砂陶中掺有少量蚌料颗粒。以泥质陶为主，基中泥质红陶所占比例较大，夹砂红陶次之，泥质灰陶最少。大部分器物为手制，口径经过慢轮修整，比较规整，少量为手制轮兼制尊磨光。陶器纹饰比较简单，主要有线纹、弦纹和少量附加堆纹，素面陶最多。彩陶数量较多，少量施白衣、红衣。色彩有红彩、黑彩、棕彩。主要绘于罐、盆、钵、碗等器形口沿和上腹部，其中盆、钵少量器物内外均施彩绘。个别器物同时施两种彩绘，彩绘纹饰主要为宽带纹，次之为弧形三角纹、直线圆点纹、网状纹等。器形主要有釜鼎、小口尖底瓶、钵、罐、盆、甑、缸、陶球、陶哨等。另外还发现有少量龙山文化时期的陶片，以灰陶为主，少量磨光黑陶，纹饰以绳纹为主，弦纹、线纹、附加堆纹次之。器形有缸、盆、豆、鼎、鬲、钵等。共采集到十余件石器。器形有石斧、石铲、石镰、石网坠、砺石等，另外还采集到两块动物骨骼，一为鹿下颌骨，一为猪的牙床。

从该遗址上采集到的遗物和暴露在断崖上的遗迹特征分析，遗址内涵主要是新石器时代仰韶文化大河村类型的遗存，时代为仰韶文化中晚期。遗址发现的房基、墓葬、生产工具和大量生活用具，对研究当时的聚落形态、社会性质及生产力发展水平都具有重要意义。同时，栗树沟遗址地处仰韶文化后岗类型、大司空类型和大河村类型的交汇处，内涵丰富，对于深入探讨不同类型文化的关系具有重要价值。

1986年11月，栗树沟遗址被公布为河南省文物保护单位。

“沁园春”故事的发生地

沁园遗址位于济源市东北18千米的化村西南，留村东南，北距太行山1.5千米，南临沁河。东西长约720米，南北宽约110米，总面积约79 200平方米。

该遗址据1978年11月新乡地区文物普查工作队调查，原是东西二处，一在化村西南2米高的土岗之上，文化层厚约1.5米，南北宽约40米，东西长约80米，断面处发现有陶瓮、陶钵、红陶、石锤、贝壳等遗物残片，也有秦汉、唐宋时期陶瓷残片。二在留村东南高约1米的土岗之上，南北宽约180米，东西长约200米。采集到的遗物有石斧、石镰、石凿、灰陶等，初定为龙山文化。1984年11月济源县文物普查组于二处同时发现仰韶时期多块彩陶残片。从整体上看，西岗彩陶较为丰富，东岗较差，东西二岗之间相隔约500米，地势平坦，表面仍可捡到一些彩陶残片，遂将二岗连在一起，包括中间平地统称为沁园遗址。沁园遗址时间跨度大，包含仰韶、龙山、秦汉多个时期遗物，是一处内涵丰富的大型古代文化遗存。1983年12月公布为济源市文物保护单位。2006年6月，晋升为河南省文物保护单位。

词牌《沁园春》的来历

沁园遗址

沁园遗址标本

文化层包含物

真正使这一遗址大放异彩的则是因为一座建于此处的园林，沁水公主园。东汉时，济源境内设立了三个县，分别是轵县、波县和沁水县。汉明帝的爱女刘致的封地在沁水县，所以她又被称为沁水公主。东汉永平三年（60），汉明帝为女儿在沁水县沁河北岸（今五龙口镇化村南）兴建了一座园林，史称沁水公主园，简称沁园。

明帝之子章帝继位后，外戚大将窦宪的妹妹被册封为皇后，窦宪依势横行不法，大肆兼并土地，看中了沁水公主的沁园，要以十分低廉的价格强买。沁水公主慑于窦氏的威势，不敢抗拒。于是沁园归窦宪所有。一天，汉章帝的车骑出行，路过沁园时，发现园主已经更换，便问身边的窦宪："这不是沁水公主家的田园吗？"窦宪心虚，支支吾吾说："是，是。"后来，章帝得知窦宪夺园之事后，十分恼怒，严厉斥责了窦宪。事后章帝说："公主的园林尚且被兼并，那么小民的田产就更不用说了！现在国家诛弃窦宪，就如同除去一只雏鸟或老鼠一般容易。"遂勒令窦宪将沁园归还沁水公主。此后，外戚兼并土地之风稍有收敛。

沁园遗址纪念碑

据《辞海》记载："沁园春，词牌名。东汉窦宪仗势夺取沁水公主园林，后人作诗以咏其事，此调因此得名，又名《寿星明》《洞庭春色》等。双调一百十四字，平韵。"《沁园春》是中国古代文苑中一枝常开的奇葩。其词调取名于东汉沁水公主之园。后人感叹其事，多咏叹之。到唐代后，"沁园"已成为典故见诸文人笔下，并进入音乐领域，成为音乐题材。《沁园春》词牌最早出现于晚唐，经考证，现在传世的最早《沁园春》词当数张先的《沁园春·寄都城赵阅道》词。但张先之词与苏轼《沁园春·孤馆灯青》词相比，尚欠精工。故后人填《沁园春》，多遵苏词格律。

现代，沁园真正名扬天下，则是因为伟大领袖毛主席作于1936年2月的一首《沁园春·雪》。

• 曹魏军事要道——沁河谷栈道 •

沁河谷栈道，亦名为太行山沁河谷曹魏军事栈道，位于河南省济源市和山西省阳城县境内的沁河谷右岸。南端起自济源市东北15公里的沁河出山口，向西北蜿蜒至山西高平市境，全长约90公里。这是三国曹魏时期洛京通向上党（今山西高平市）的军事栈道。据《三国志·魏书》载，正始五年，魏国辅政大将军司马懿采纳镇西将军邓艾的建议，准备进攻吴国，需要从富庶的山西调运大批粮草和兵士到京都洛阳。洛阳、山西之间，有太行山阻隔，唯一可选择的通道就是沁河河谷。沁河有水，但不能行船。沁河两岸多数地段都是高耸的大山，要沿沁河开辟一条通道，只能在崖壁上凿孔架木修栈道。

济源市境内栈道长达36公里。南端起自济源市东北15公里的沁河出山口——五龙口，向西北蜿蜒至紫柏滩，隐现于崇山峻岭和悬崖峭壁之间。根据栈道遗址分布情况可分为6个区。

1. 马鞍山区：栈道遗迹长223.1米，排

栈道孔

石门铭

列着1～3层壁孔，壁孔呈方形，高20～30厘米，宽20～30厘米，深20～60厘米，有壁孔73眼。壁孔西有石龛造像一尊，面目风化不清，衣着宽袖长袍，疑为栈道营造的最高指挥者司马懿造像。

2.张庄对岸区：遗迹主要有壁孔6眼，分3层。另有步道长约30米，宽约2米。

3.司马懿藏兵洞区：遗迹仅存邸洞一座，洞口高80米，宽95米，主洞深170米，为栈道上行者中途寄宿与炊食的邸洞。

4.和滩区：有壁孔、柱孔、石门、石门铭等。南段壁孔7眼，其中有一壁孔呈月牙形，这是曹魏时代工匠和兵徒开凿壁孔遗留下来的手扒窝。中段沁河流向呈“U”字形，栈道壁孔排列有序，长达143米，壁孔计有62眼，分两层，壁孔间距在2.5～3.3米。栈道经此要架起一座桥阁，现仅存桥阁的柱孔，呈圆形，直径13厘米，深30厘米。北段凿石步道残存长度20米许，宽度1.3～1.7米。

5.1号石门区：在石门山东麓的两峰开凿了一条隧道，长5.1米，宽1.75米，凿壁如削，距底部4.3米有壁孔残存2眼，可插入横梁。北壁有一方石门铭，高48.5厘米，宽42厘米。铭刻汉隶字9行，每行11字，计95字，每字高3厘米，宽3.8厘米。“建元正始五年十月五日，曲阳吴某督将师匠兵徒千余人，通治步行道，作偏桥阁，凿开石门一所”等字样。铭文笔力遒劲，字体具有汉隶遗风，又有向楷书过渡的特征。

6.紫柏滩区。遗迹残存栈道壁孔3眼。

石门铭记载开凿石门的确切时间与《三国志·魏书》所载的正始二年司马懿采纳邓艾建议，大积军粮，又通漕运之道，准备用兵吴国的史实相吻合。

现存三国曹魏齐王曹芳正始五年开凿的沁河谷栈道，是洛阳至上党粮道中最浩大的军用交通工程。1983年公布为河南考古重大新发现，它为研究古代政治、经济、军事、文化、地理交通提供了珍贵的资料。1986年11月，被河南省人民政府公布为河南省文物保护单位。

• 青铜之光——济源文物选粹 •

■ 西周兽面纹铜尊

西周兽面纹铜尊于1983年在济源市下冶乡大岭村出土，现藏于河南博物院，国家一级文物。

铜尊高28.3厘米，口径21.8厘米，腹深21.1厘米，形状似觚，大敞口折沿方唇，腹微鼓，圜底，高圈足。腹部和圈足外壁饰4条扉棱，圈足内壁铸族徽。这种觚形尊或称大口筒形尊，流行于商代晚期至西周早中期。

尊为古代容酒礼器，也称"彝器"，为古代贵族进行祭祀、丧葬、朝聘、征伐、宴享、婚冠等活动时所用。这件青铜尊外壁上均以细密的云雷纹为底，浮雕牛首兽面纹和双龙兽面纹。

济源出土的这件兽面铜尊通体光亮，纹饰清晰，对研究西周的历史以及青铜铸造技术有重要价值。

■ 春秋青铜剑

春秋青铜剑于1985年在济源市克井镇小庄村出土，现藏济源市博物馆。剑体长47厘米，其中身长37.4厘米，颈长8.9厘米，宽5.3厘米。剑两侧有刃，中间起脊，前锷收狭，甚锋利。

文字记载，商代就具备了铸剑功能，但无实例可证。西周早期剑已很流行。春秋晚期至战国是青铜剑最盛行的时代，南方的吴、越、楚等地造剑业也相当发达，出现了一大批铸剑大师，如欧冶子、干将、莫邪等。

春秋战国时期，佩剑能显示等级地位。士人依其地位高低，所佩剑长度重量有所不同。这柄长47厘米的青铜剑在东周时期属较长者，佩剑者应是中等政治地位的卿大夫的家臣。

汉代以后，由于冶铁技术的成熟，铁剑逐渐取代了质地略软的青铜剑。

■ 春秋青铜鼎

春秋青铜鼎于1992年1月由济源市公安局移交，现藏于济源市博物馆。鼎高25厘米，口径22.3厘米，腹径26厘米。

该鼎为青铜质地，直口，深腹，圜形盖。盖顶有圆形捉手，一周由多根圆条形支柱与盖连接，盖上纹饰装饰华丽繁缛，盖顶部外侧由上到下依次分区装饰有菱形雷纹、火纹、回纹、宽平带纹、云雷纹一周，各区之间由凸弦纹隔开。腹部较深，圜底，上腹部饰云纹，蹄形足，足跟处装饰有兽面纹。整个器物显得沉雄厚实，纹饰狞厉神秘，是我国青铜艺术成熟期最具审美价值的青铜艺术品。

■ 唐瑞兽葡萄铜镜

该铜镜于1979年在济源市坡头镇留庄村出土，直径14.5厘米，厚1.4厘米，现藏于济源市博物馆。

铜镜是我国古代梳妆整容的日用品，至迟在商代就已出现，以后历代多有制作，日益精良。镜背部中心为伏兽钮，钮周围一圈凸棱将镜背分为两区：内区葡萄枝叶缠绕，果实饱满，5只瑞兽或伏或仰，有的作奔跑状，有的作侧身攀援状，旋绕于枝蔓间；外区葡萄串交错排列，不同形态的禽鸟瑞兽环绕其间。镜背珍禽异兽纹饰皆为浮雕式。

关于镜背动物的名称，历来众说纷纭，有“海马”“海兽”“海狮”“天马”“鸾兽”等多种称谓。究竟为何种动物，无法认定，所以统称为瑞兽。因葡萄籽粒繁多且形状喜人，迎合了国人多子多福的观念，艺人就将葡萄与瑞兽相结合，创作出具有民族风格的吉祥纹饰。

唐铜镜合金比例适中而稳定，因此是古代铜镜中的珍品。

春秋青铜鼎

唐瑞兽葡萄铜镜

陶瓷文明——济源文物选粹

西汉陶风车

西汉陶风车于1969年从济源市轵城镇泗涧汉墓出土，现藏于河南博物院。整体高11.5厘米，长35厘米，宽23.5厘米。

陶风车为风扇车和陶碓的复合体，二者同设于一个长方形地板上，碓臼为圆口环底地窝，臼杵上部装柄，通过碓架与陶俑相连。蹲姿陶俑双手扶架舂米（米碓原有支架、杵柄与扶手等构件，出土时均腐朽，复原时仿制组合）。风车呈梯形。风箱上部有方形漏斗，斗槛下有窄缝启门，启门下有方形出米口。出米口右侧有圆形风口，风口对面有一安装风扇的轴孔。风车侧后方塑一立俑，双手前伸作摇风车姿势。槛侧还有斜坡形空箱，系盛糠的地方。

古人发明风车源于对扇子功能的进一步认识。因此，这件陶风车为研究我国古代农业机械及西汉制陶技术提供了重要的实物资料，具有较高的科研价值。这件文物1984年曾运往日本展出。

西汉吹笛俑

西汉吹笛俑于2003年从济源市沁北电厂西窑头工地第10号墓出土，通高11厘米，现藏于济源市博物馆。

该吹奏俑为泥质红陶胎，手工捏塑而成。人物为一老翁形象：头戴斗笠、身披蓑衣，蹲坐在一物之上。斗笠和蓑衣纹饰刻画清晰，人物和斗笠满施褐釉，蓑衣装饰为绿釉，釉色分界清楚，过渡自然。老翁面目表情祥和，深目高鼻，颧骨微凸。双手五指叉开，把持两只竹笛，竹笛一端抵于膝上，一端放在嘴边作吹奏状。

西汉吹笛俑

汉代以前，中国传统的笛子都是竖吹的，汉武帝时，张骞通西域后传入横笛，亦称“横吹”。“横吹”吹起来怪声怪调，所谓“短笛无腔信口吹”。它在汉代的吹奏类乐器中占有相当重要的地位。

这件陶俑的出土，为研究古代乐器的发展和音乐艺术提供了很好的实物资料。

西汉吹箫俑

西汉吹箫俑于2003年从济源市沁北电厂西窑头工地第10号墓出土，高14厘米，现藏于济源市博物馆。

该吹奏俑为泥质红陶胎，手工捏塑而成。人物上体直立呈跪坐状，身穿交领长衣，人物上半身的绿釉与下半身的褐釉自然分界形成上下身的衣裤，衣服纹理刻画清晰，左手上抬，持一排箫放于嘴前作吹奏状，右手四指并拢上举至嘴的高度，似乎随着音乐的节拍在舞动。头挽环形高髻，发根戴有发箍一周，面部刻画抽象、简洁，省略眉眼，突出高鼻、大嘴。俑的整体给人一种清新自然、专注灵巧的感觉。

西汉吹箫俑

古代，排箫是非常受欢迎的乐器。从春秋到秦汉，排箫在民间广泛流传，在汉代的鼓吹中更占有相当重要的地位。

西汉鱼鸭池

西汉鱼鸭池于2003年从济源市沁北电厂西窑头工地第10号墓出土，宽19厘米，长24厘米，高11.5厘米，现藏于济源市博物馆。

长方形的水池，里面鱼鸭成群、长幼有序、形态各异、栩栩如生，构成了一种古代生态养殖的场景，同时也取我国古代文化中“样样有余”的吉祥之意。鱼鸭池，整体造型美观真实，满施褐绿釉，釉色莹润均匀。鱼鸭池的出土说明了我国汉代人民已经有了生态养殖的观念。

鸭是水禽，家鸭是从野鸭驯化而来

西汉鱼鸭池

的。在先秦古籍中，鸭称作“鹜”，亦称家凫或舒凫，凫即野鸭。至秦汉时期，鸭与鸡、鹅已成为三大家禽。据《西京杂记》载：“高帝既作新丰衢巷……放犬羊鸡鸭于通途，亦竟识其家。”可见养鸭之盛。因此各地汉墓中也常用陶鸭随葬。

西汉对弈俑

西汉对弈俑于2003年从济源市沁北电厂西窑头工地第10号墓出土，棋盘宽8.5厘米、长11.5厘米，人物高8.5厘米，现藏于济源市博物馆。

该陶俑为泥质红陶胎，模制兼手工捏塑而成。整体是一盘对弈正酣的棋局。两位棋友对坐于一长方形棋盘两侧，头顶绾一发髻，身着交领长衣，左臂宽袖后甩，右手高举至耳际，面部表情得意沉醉。长方形棋盘上棋格刻画清晰，棋格为中心对称、四侧出头的“田”字形，棋子置放有序。陶质坚致细密，表面施釉均匀，褐釉和绿釉界线分明，构成了人物上下半身和棋盘左右两部分的天然分界。有关专家初步认定这是汉代象棋对弈的模型。

在汉墓中出土这样的陶俑，说明在我国汉代，下棋已经成为日常文娱活动之一了。汉代对弈俑的出土，也为我们研究象

西汉对弈俑

棋的历史和汉代的社会生活及娱乐方式提供了珍贵的实物资料。

■ 西汉绿釉骑马俑

该骑马俑从济源市沁北电厂西窑头工地第8号墓出土，高21厘米、长21.5厘米，现藏于济源市博物馆。

一位披挂整齐的武士威风凛凛地骑坐在一匹昂首嘶鸣的骏马上，构成了一幅深具动态的画面。武士头戴帽盔，身披铠甲，腰挎宝刀，头部后仰，双手于腰际前伸，手中似乎握有一缰绳。骏马昂首，器宇轩昂，张口作嘶鸣状，脖颈鬃发刻画清晰，耳朵竖立，双目圆睁，右前肢前跨作迈步状，左前肢着地有力，两后肢稍下压，尾巴短小、上翘。

这头膘肥体壮的战马为我们研究汉代“马”在军事动力方面所起的作用提供了实物资料。

■ 西汉女舞俑

西汉女舞俑于2003年从济源市五龙口镇西窑头村沁北电厂工地出土，高16厘米，现藏于济源市博物馆。

该褐绿釉陶俑为釉陶质地，整体呈舞状。上身着宽袖长衣、下着肥裳，露出网格纹宽裤。细腰翘臀，腰部简单刻画出裙带，裙带缠绕腰部拖至身后，裙上几道竖形刻画纹形成裙褶。人物俑双臂展开，右臂前伸上举而摆广袖于外，左臂下甩长袖于后。左脚独立，右腿上抬。头上昂左侧，双高髻，目光远视，面部塑造简洁抽

西汉绿釉骑马俑

西汉女舞俑

象，深目、高鼻、尖下巴。俑的整体造型线条流畅、舞姿优美、栩栩如生。实在是一件不可多得的精品。

中国舞蹈具有悠久的历史渊源和深厚的艺术积累，在原始时代，中国就已经出现了舞蹈。在古代，狩猎、战争、祭祀或祈祷等活动，都是通过舞蹈来进行的。舞蹈是文化的基本形态。两汉舞蹈更是百技纷呈，达到了乐舞文化的高峰。

西汉宰兽俑

■ 西汉宰兽俑

西汉宰兽俑于2003年从济源市沁北电厂西窑头工地第10号墓出土，高16厘米，长16厘米，宽16厘米，现藏于济源市博物馆。

该俑为泥质红陶胎，手工捏塑而成。由一人一兽一狗一台架构成了一幅生动的古人宰杀牲畜的场面。一头独角兽被仰面捆绑在一个正方形有两根柱子的台架上，四肢自然伸张，腹部浑圆鼓起，头部下垂，口微张。一人头戴平顶帽，身穿无袖长衣做成的工作服，双腿叉开站立于工作台上，弓腰、上身前倾，双手死死抓住独角兽一只大腿的内侧，嘴部紧贴手旁的兽皮，腮帮鼓起，在努力地往里面吹气。他的脚旁一只狗悠闲地匍匐于方形台面上，嘴里正在撕咬着主人赏赐的一块肉。人与动物的陶质坚实细密，满施褐绿釉。整个场面真实自然，人物及动物刻画逼真生动。往死后的动物腹内吹气无疑是为了使动物的毛更容易刮掉，看来，这种方法在我国汉代已经成为一种常识了。

■ 汉彩绘杂技俑

该杂技俑于1988年从济源市五龙口镇北官庄汉墓出土。整件通高27厘米，樽高7.6厘米，口径11.2厘米，现藏于济源市博物馆。

杂技俑由一樽三俑组成，三俑于陶樽口沿上表演倒立杂技。樽，圆口微敛，直腹平底，下承三个矮兽足。三个陶俑头顶绾髻，倒立于陶樽口沿上，其中二人双手紧握樽口，头向樽内，相向直臂倒立，

西汉杂技俑

右腿向外弯曲，左足相抵。第三俑单手直臂倒撑在二俑相抵的空间下，双腿向上，脚尖直立。陶俑和樽腹上施有一层白色陶衣，陶衣上尚残留有朱色彩绘。

杂技在我国已有4000多年的历史。刘向《列女传》载，“夏桀既弃礼仪，求倡优侏儒，而为奇伟之戏”，说明夏代就有了杂技表演。经过约2000年的发展，至汉代，杂技艺术已广为流行，技艺亦日臻精湛。

这件彩绘杂技俑不仅是汉代杂技艺术的真实写照，同时也反映了汉代陶工的陶塑技术水平，对研究我国杂技表演艺术的历史沿革具有重要的史料价值。

汉代舞乐俑群

汉代舞乐俑群于1998年从济源市轵城镇赵村砖厂出土，现藏济源市博物馆，俑高16～19厘米。

该组文物由5个俑组成，表现的是一俳优俑作表演、4个伎乐俑伴奏的场面。伎乐俑均头戴武弁大冠，面涂朱彩，身着交领窄袖束腰曳地长衣，双手持乐器至唇边，其中吹箫俑2个，吹笛俑1个，吹埙俑1

汉代舞乐俑群

个，跽坐。

俳优俑袒胸露乳，腹部前凸、凹腰翘臀，下身着低腰浅裆长裤，仅兜住肥臀。头梳椎形发髻、颈项短粗，大头小耳，深目高鼻，颧骨突起，口吐红舌，随着音乐的节奏翩翩作舞。

俳优是我国古代运用语言、乐舞、杂技、化妆等诸多技巧进行滑稽表演的优人。王国维先生曾认为中国的喜剧应当有艺术与文学两个源头，艺术的源头是古代的“俳优”，而文学的源头就是《庄子》。

该俑群的出土为我们研究汉代的社会生活和乐舞艺术提供了实物资料。

汉代龟座博山炉

该炉于1975年从济源市轵城镇轵城村汉墓出土，高33.5厘米，现藏于济源市博物馆。

该龟座博山炉为泥质红陶胎，轮修、模制和手工雕塑而成。子母口，半球形炉腹，竹节形柄，炉盖高耸，作为多层山峰重叠状，酷似火焰起伏，盖上山峦之间有云气纹、人物、植物及鸟兽等装饰形象，于炉内焚香时，轻烟飘出，在炉体四周缭绕，自然造成山景朦胧、群兽浮动的效果，仿佛传说中的海上仙山“博山”。底座是一只活泼爬行的乌龟，乌龟的脖颈用力向上后伸，四肢伸张，背上龟甲纹饰清晰规整。炉体和底座分别用红釉和绿釉自然分界。整个器物造型丰满浑厚，釉色莹润，别具特色。

汉代龟座博山炉

博山炉是中国古代烧香用的炉。相传，汉武帝嗜好熏香，也信奉道教。道家传说东方海上有仙山名曰“博山”，武帝即遣人专门模拟传说中博山的景象制作了一类造型特殊的香炉——博山炉。

汉代人使用博山炉主要有三大作用：一是因为迷信鬼神，烧香祈祷以达神明；二是古人席地而居，燃香草可以洁室除湿，怡人心脾；三是达官贵人有熏衣染被的习惯，用从国外输入的蕙草熏香衣被，以显示华贵。

炉的底座用乌龟做成。相传乌龟生性善于负重，所以古代石碑等重物的底座下通常都雕着它的形状。它又叫“赑屃”“霸下”，相传是龙和海龟交配而出生的龙的长子，俗称“龟龙”。赑屃用做博山炉的底座，除了负重之外，还有吉祥之意，赑屃也是长寿和吉祥的象征，有镇宅辟邪、幸福平安之意。

汉代烧烤炉

该炉从济源市沁北电厂西窑头工地第10号墓出土，高11.4厘米，宽13.5厘米，长19.5厘米，现藏于济源市博物馆。

炉体为上阔下窄的长方体，炉壁四周和底部做有多个长方形的漏孔，以利通风和炉灰下泄，口沿两头有拱起成桥形的捉手，以方便炉体的搬运，口沿上平放着两根方木做成的烧烤架，其上整齐地放置着以备烧烤的动物，有鹌鹑、蝉和鱼。两个烧烤炉尺寸大体相等，各种动物形象刻画生动、真实，从一个侧面描绘出汉代百姓日常饮食的状况，由此可以看出烧烤是一种历史悠久的烹饪方式。汉代时，人们已经开始利用炭火加工食物了。

汉代烧烤炉

烧烤这种烹饪手段能流传至今而且久盛不衰，实在是烹饪中的经典。

汉代斗狗俑

汉代斗狗俑从济源市沁北电厂西窑头工地第10号墓出土，高15厘米，通长26厘米，现藏于济源市博物馆。

两条猛犬互相撕咬在一起，构成了一幅动人心魄的斗狗场面。在格斗中处于上风的一只狗张口紧紧扑咬住另一只狗的颈部，右前肢搭在其肩部，左前肢腾空，两后肢扒地后蹬，尾巴后伸上翘。另一只狗在格斗中处于劣势，被撕咬的脖颈努力地向左上侧翻伸，企图扭转不利局势，四肢用力着地稍后弓。两只恶斗中的狗都是两耳竖立，双目圆睁，尾巴向上高高翘起，细部特征刻画清晰，全身满施褐绿釉，釉

汉代斗狗俑

色莹润光亮，整体看不出模制痕迹，其制作方法应该是捏塑。狗的整体塑造比例协调，形态逼真，栩栩如生。斗狗俑高15厘米，狗的身长21厘米，在汉墓中出现了这样生动的动物造型，说明了斗狗作为一种民间娱乐活动在汉代已经存在了。

■ 汉代导引俑

汉代导引俑从济源市沁北电厂西窑头工地第10号墓出土，现藏于济源市博物馆。

导引俑1（高17厘米），泥质红陶胎，手工捏塑而成，局部有明显的刀削和粘接痕。上半身的红釉与下半身的绿釉自然分界，赤裸的上身与着短宽衣裤的下半身形成视觉反差。俑头梳双髻，左右搭于两耳侧，袒胸露乳，右脚站立，左腿向前抬起，左手自然托于腹下作运气状，右手持一硬物猛然砸于前额，闭目张嘴似在大喝一声。该俑把一位正在练功运气过程中的导引方士的瞬间形态刻画得栩栩如生，让人有一种亲临现场的感受。

导引俑2（高17厘米），泥质红陶胎，手工捏塑而成，局部有刀削和粘接痕。整体造型为一导引术练习的招式，右腿直立，左腿向上前抬，翘臀、凹腰，腹部前凸，袒胸露乳，左手自然下垂贴抱于腹前，右手四指并拢举至耳侧作猛劈掌状。该俑头绾柱状高髻，上半身的褐釉与下半身的绿釉自然分界，形成鲜明的视觉对比。俑的面部刻画生动夸张，额头前凸，深目、高鼻，大口张开呈趁势猛吼状。

导引俑3（通高14厘米），泥质红陶胎，手工捏塑而成，刀削和粘接痕明显。整体施褐绿釉，裤腿内侧和足部无釉。俑上身赤裸，外露肚脐，下身穿宽口短裤，双腿叉开赤脚站立，双手四指并拢、双臂舒缓上抬向前推出。头戴平顶帽，脑后绾一发髻。面部表情平静自若，宽额高鼻、深目阔嘴，一副悠闲自得、修身养性的姿态。

导引俑4（通高11厘米），泥质红陶胎，手工捏塑而成，局部有刀削和粘接痕。俑的头部缺失。上半身的红釉与下半身身的绿釉自然分界，形成上身的无袖短衫和下身长不及脚踝的宽裤，双腿分叉略扎马步状，腰微弯，上体前倾，左手四指并拢，伸臂向前下方推出，右手中持有一柄状物（似一刀）。该物已残，仅剩一柄，整体为一持物器做导引动作的画面。

导引俑5（通高6.5厘米），泥质红陶胎，手工捏塑而成，通体满施褐釉，两腿

汉代导引俑

内侧素胎无釉，局部有明显刀削和粘接痕。整体呈蹲伏状，为古代导引术的一项招式。上身赤裸，下身着长不及脚踝的肥裤。双腿下屈后蹲，上身挺直前倾，两臂残断，从断口看出双臂似向前下方斜伸。头戴平顶帽，头颈微上仰，面部前伸，表情刻画自然严肃、专注平静。

导引俑6（通高13.5厘米），泥质红陶胎，手工捏塑而成，局部有刀削和粘接痕，通体施褐绿釉。上身赤裸，下身着肥大没足、行用自如的宽裤，整体为一运气出拳的瞬间状态。袒胸露乳、鼓腹翘臀，下肢右腿站地，呈金鸡独立状，左腿上抬稍前伸，左臂贴身握拳屈放于下腹部，右臂上抬前伸有力向前出拳。盘形发髻梳于头顶，面部表情刻画夸张生动，高鼻深目，大口张开作运气猛喝状。

导引俑7（通高12厘米），泥质红陶胎，手工捏塑而成，局部有刀削和粘接痕。上身褐釉形成窄瘦短小的无袖上衣，下身绿釉形成宽大、长不及膝的肥裤，赤足，裤裆内侧和足部无釉。整体呈叉腿站立状，双腿微屈，臀部后翘，上身稍前倾，左手四指并拢、立掌向前自然推出，右手四指并拢、屈肘自然上抬。一副专注平静的行气、运气形态。头戴平顶帽，脑

后绾一发髻，深目大鼻，小口微闭，面部表情舒畅自然。

导引简称为“引”，是当时动功一类的总称。在古代，导引术也是一种行之有效的医疗保健手段。《黄帝内经》对导引术的记载多达14处，治疗的病症多达十几种。

秦汉之际，随着养生学的兴起，导引术有了很大的发展，出现了“六禽戏”“闭四关”“梳发功”的记载。

这次出土的成组的导引俑，人物的塑造比例协调、真实生动、栩栩如生。釉色细腻莹润、趁势过渡、自然成趣，似乎为我们提供了一幅古代高道方士们习武练功的真实场景。无疑，导引俑为我们进一步研究秦汉之际的导引术提供了生动的实物佐证，实在是不可多得的文物精品。

汉代陶马

汉代陶马

汉代陶马于1987年从济源市辛庄乡西窑头砖厂出土，高22.5厘米，底座长13.2厘米，宽7.8厘米，现藏于济源市博物馆。

该马为釉陶质地，手工捏塑和刀削而成，颈部与身体的接触部位有明显的粘接痕。马呈三足站立状，三足立于一长方形平台上，左前腿抬起。马昂首挺胸、头小而英俊，张嘴作嘶鸣状，牙齿外露，双目圆睁，鼻翼微张，长颈弯曲，鬃毛刻画清晰，胸围宽厚，躯干粗实，肌肉滑润结实，四肢修长，臀尻圆壮，尾巴短小上翘。陶马虽然处于静止状态，似乎体内充满了活力，令人有一种“怒马如龙”之感。通体满施红、绿釉，红、绿釉界线明显，头颈部为绿釉，身体和底座施红釉。

马在古代曾号称“六畜之首”，是军事、交通的主要动力，有的地方也用于农耕。商周时期，马已成为交通运输的主要动力，养马业相当发达。甲骨文已有“马”字，商墓中常用马殉葬，各地不时有车马坑发现。春秋战国时期盛行车战和骑兵，马成为军事上的主要动力，特别受到重视，此时马已成为“六畜”之首。秦汉时期，马已被视为“甲兵之本，国之大用”，因而养马业特别兴盛。这头膘肥体壮的陶马为我们研究汉代的家畜饲养业和军事动力问题提供了实物资料。

汉代红绿釉说唱俑

该说唱俑于2003年从济源市沁北电厂西窑头工地第10号墓出土，俑高14.5厘米，现藏于济源市博物馆。

该俑红陶质地，手工捏塑和刀削而成。整体呈站立状，人物头戴折叠帽，脑后绾一发髻，面部刻画抽象，仅突出高鼻与阔嘴，身着交领短袖长裙，腰间刻画出系束的丝带，裙边下摆呈喇叭形，看不到双足，双臂袖口后缩，手臂露出，左手上举作掩嘴微笑状，右手上抬呈微握状，通体满施红、绿釉，红、绿釉从腰部自然分界形成上衣和下裳。说唱俑塑造比例协调，抽象而不失神韵，再现了我国汉代说唱表演的生动场面。

汉代褐绿釉驯狗俑

该驯狗俑于2003年从济源市沁北电厂西窑头工地第10号墓出土，俑高15.5厘米，现藏于济源市博物馆。

该俑为泥质红陶，整体呈站立状。一男俑头戴平顶帽，帽后梳一半圆形发髻，面目刻画抽象，突出高鼻阔嘴。身穿短袖长衣，裙摆外阔成喇叭状，长裙垂至地面。双臂前伸，左手空握拳，作牵引状，

汉代红绿釉说唱俑

汉代褐绿釉驯狗俑

右手上抬作指挥或指使状，上身前倾，目视脚下一卧狗。该狗蹲卧，尖耳高耸，露齿咧嘴，头上抬，目视主人。男俑腰部以上满施绿釉，腰部以下及狗满施黄釉。

在汉代人的生活中，斗狗、驯狗已经成为一项娱乐活动。陶俑的出土，为我们研究汉代社会生活和陶塑工艺提供了实物资料。

陶阙

汉代陶阙

该陶阙于1984年从济源市邵原镇出土，罘罳高40厘米，宽29厘米，阙高60厘米，宽30厘米，现藏于济源市博物馆。

泥质灰陶，模制和压印、浮雕而成。罘罳为单面坡硬山式建筑，正面高浮雕一鹿头，鹿眼压印而成，双目圆睁，椭圆形的两耳对称张开。两个鹿角如虬枝上展至屋檐下，前后檐各施筒瓦六垄，每垄至檐部都有瓦当。屋顶坡度平缓，山檐较深，两山墙各开一圆窗。阴面均饰有乳钉和几何纹图案，中空。

阙为二出双重檐，下层为硬山式顶。出檐较深，前后檐各有筒瓦两垄，每垄檐部均有瓦当。上层为四阿式顶，前后檐各施筒瓦五垄，左右檐各施筒瓦三垄，每垄檐部均有瓦当。正面和两山墙均模压，刻画几何纹，后墙模印几何纹。正面浮雕一面目狰狞的人物。头上三束头发呈戟状，两眼圆睁，龇牙咧嘴，圆肩宽膀，双手交握于胸前，下着扇形裙子，脚成鱼尾状。

阙是古代重要建筑，如城门、宫殿、祠庙、陵墓前用以记官爵、功绩的建筑物。陶阙的出土为我们研究汉代的建筑形制和制陶艺术提供了实物资料。

西晋灰陶牛拉车

西晋灰陶牛拉车于2003年从济源市五龙口镇莲东村豫光电解锌工地第10号墓出土，高23厘米，长36厘米，现藏于济源市博物馆。

该牛拉车为泥质灰陶质地，模制、刀削、捏塑而成。整体为一头牛拉车前行的场面。牛刻画真实生动，两耳左右扇开，牛角前弯，双目圆睁、鼻翼张开，闭口、腮帮鼓起，四肢着地，稳健有力，偶蹄足刻画明显清晰，尾巴下拖，膘肥体壮。车为拱棚顶，近平，两车辕刀削痕明显，车舆前面敞口，后面开一方门，车轮有14根放射形车辐，一衡木略呈拱形，驾于牛的肩上，正驾辕前行。

驾车用牛可能早于马。《初学记·器物部》引《古史考》："黄帝作车，少昊时略加牛，禹时奚仲驾马。"从文献记载看，最迟在商代后期牛车已经很普遍了。《易·系辞下》的"服牛乘马"，也把"服牛"放在"乘马"之前。牛能负重耐劳，但速度慢，所以牛车多用以载物。但是魏晋以后牛车却成为交通工具。

该件牛拉车的出土，为我们研究西晋时期的车制和社会生活提供了实物资料，是不可多得的精品。

西晋高柄兽首灯

该灯于2003年从济源市五龙口镇莲东村豫光电解锌工地出土，通高29厘米，底径13厘米，现藏于济源市博物馆。

该灯为泥质灰陶质地，模制而成。覆盆形底座，竹节形柄，柄上端有一拱形孔，穿插一长柄灯盏，灯盏可以随意拉伸。灯盘浅腹，平折沿，平底。竹节形灯柄上端蹲坐一瑞兽。瑞兽为熊形，头上有两只角紧贴于头顶。鼓腹，四肢环抱于腹部。灯的整体造型美观，有极强的艺术性、装饰性和实用性，以瑞兽作为装饰，有吉祥之意。

灯在古代也称为"镫""登"。最早的灯由豆发展而来，豆是新石器时代晚期

西晋灰陶牛拉车

西晋高柄兽首灯

至战国时期的一种陶制餐具，上面敞开浅盘，中有高柄，下面为喇叭口形圈足。我们的祖先在豆的浅钵中置灯芯和油脂来照明，从此，这种灯流传数千年，成为人类光明的使者。中国最早的灯具始于战国，两汉时期灯具的制造得到了迅速发展，两晋时期的动物灯具、人物灯具开始大量流行，灯具装饰艺术也更加多样化，充分显示了古代劳动人民的艺术才能。

唐代镇墓兽

唐代镇墓兽

唐代镇墓兽于1978年从济源柴庄村古墓出土，高59厘米，现藏于济源市博物馆。

镇墓兽为瓷土胎质，挺胸蹲坐于方形台座之上，双角高耸，双耳厚大前扇，凸目立眉，高鼻大嘴，牙齿外露，面目狰狞威严。双肩长有短翅，双腿竖立，脚为分瓣偶蹄兽足。镇墓兽首部露胎，周身施点状绿、褐色彩绘，如花雨缤纷，脱彩严重。

镇墓兽是我国古代墓葬中常见的一种怪兽，是为震慑鬼怪、保护死者灵魂不受侵扰而设置的一种冥器。

这种构思诡谲奇特、形象恐怖怪诞、令人望而生畏的猛兽形象，具有强烈的神秘意味和浓厚的巫术神话色彩，是墓主人用于显示威严、辟邪镇妖的忠诚守护者。

唐三彩钵

唐三彩钵于1991年从济源某医院工地发掘出土。三彩钵高14.5厘米，口径10.7厘米，腹径18.5厘米，底径6厘米，现藏于济源市博物馆。

钵体敛口圆唇，丰肩，圆腹，平底。外壁上部施黄、绿、褐三色釉。腹部近底处、足部及内壁均未施釉，露出细密而纯净的高岭土胎，胎上可见因轮制而留下的周旋坯纹。

唐三彩的正确名称应是“唐代铅釉

陶器”。它继承并发展了汉代以来的釉陶传统制作工艺，以黏土为胎，入火素烧至1100 ℃成型，冷却后施彩釉，复入窑经800 ℃二次烧成。由于釉中含铜、铁、锰、钴等矿物着色剂，用铝做助熔剂，烧成后釉面呈多种色彩，通称“三彩”，实为“多彩”。这件三彩钵外施淋洒釉，任釉汁自然流淌，高温烧制后便产生斑驳陆离的色彩，未施釉处可见灰白胎色，胎土极细密，为河南巩县（今巩义市）窑出品，是研究巩县三彩烧造技术的实物资料。

唐三彩大约出现于唐高宗时期。初期阶段是施以黄釉单彩，至唐高宗中期才陆续出现三彩、多彩制品。武则天时期唐三彩制作技术达到顶峰，西安、洛阳地区唐时的大中型墓葬中几乎都有唐三彩出土。

■ 宋童戏图三彩枕

宋童戏图三彩枕1976年出土于济源市西北20公里的克井镇勋掌村静安寺，高11厘米，面长48.8厘米，宽18厘米；底长47.6厘米，宽13.9厘米。现藏于河南博物院。

这件宋代瓷枕呈长方体，枕体中空。枕表面以刻画填色的装饰手法，施绿、黄、褐、红、黑、白诸釉色，以绿色为主表现人物、花草等。枕面图案左右绘白牡丹，中间刻画戏童图，表现三小儿在池边荫下嬉戏情景。左边小儿头绾双髻，身着绿褂白裤，坐于墩上，左手按膝，右手执一提线木偶。右边两小儿一个身着绿衣黄裤，倚鱼池栏杆敲锣；一个黑衣白裤，吹笛舞蹈。整幅彩画色调和谐，人物逼真。

寝具枕见于文献记载的是汉代《西京杂记》中战国魏襄王冢中石床上的“石枕”，见于考古资料的是春秋战国时期呈贡县天子庙滇墓出土的铜枕和长沙西汉墓中出土的漆枕（漆木枕）。瓷枕的出现始于隋代。宋代瓷枕较为普遍，史料记载汝窑、磁州窑、景德镇窑、定窑、吉州窑、钧窑等均有专门从事瓷枕生产的专业作坊。

瓷枕作为夏季的寝具，具有清凉心脾、醒脑健身的功用。宋人使用硬瓷枕可能与当时流行的发式有关，那种高耸的束发在瓷枕上易于保持发型。宋时流行睡硬床，硬瓷枕与硬床相配也最为合适。

■ 明代生肖俑

该生肖俑于1991年由济源市文物管理所移交，高17～19厘米，现藏于济源市博物馆。

明代生肖俑

该组陶俑为泥质红陶胎，模制而成。俑呈站立状，头戴官帽，身着肥袖交领拖地长袍，双手于胸前捧一器物，器物上分别卧有鸡、羊、兔、猪、蛇。人物的面部表情慈祥端庄，修眉善目、高鼻小口、耳轮肥厚，显得雍容谦和。俑身衣服多处施白、青两色彩绘，大部分彩绘已脱落。

十二生肖也被称为十二年兽，是一种古老的民俗文化现象。以上几件生肖俑的出土，虽然不是十分完备，但是为我国古代生肖的历史这一课题研究提供了极为珍贵的实物资料。

■ 清代孩儿枕

清代孩儿枕于1991年由济源市文物管理所移交，高18厘米，长30厘米，现藏于济源市博物馆。

枕作一男孩儿伏卧于榻上状，以孩儿背作枕面。孩儿两臂环抱，垫起头部，头顶塑两撮头发，扭头侧脸作嬉笑状，右手持一绣球，两足交叉上跷，身穿长衣坎肩，圆角榻边模印花纹，四面开光，其中一面凸起螭龙，相对的一面光素，其余两面凸起如意云龙纹。枕身釉面为牙白色。榻底素胎，有一孔。

枕是睡觉时垫首用具。瓷枕是古代人们生活中的夏令寝具，既可清凉沁肤，爽身怡神，甚至有“明目益睛，至老可读细书”的作用。可作头枕，亦可作为脉枕和足枕，甚至被古人作为镇宅辟邪之用，还有相当部分是作为随葬的冥器。瓷枕始创于隋代，盛行于唐、宋、元各代。此件孩儿枕塑制精美，人物形态活泼、悠然，是中国古代瓷器中的珍品。

清代孩儿枕

文房四宝之精品——汉代盘龙砚

盘龙砚

汉代盘龙砚于1979年由济源市西轵城村卫福来捐献，高11厘米，底径17厘米，现藏于济源市博物馆。

此砚为石质，圆形，分砚盖和砚体两部分。盖部镂雕八龙，若隐若现，其中4条龙露出龙首，4条龙仅露出尾部，龙首以上为透雕，其下为浮雕，龙的双耳紧贴身体向后伸展，双目修长圆睁，鳞片刻画清晰，龙爪有四趾，龙尾刻火焰纹。砚盖正中为一圆柱，8条龙紧紧围绕圆柱四周，龙尾盘旋于盖的沿部，砚盖边缘线雕有规则的锯齿纹。盖内侧装饰有线刻云龙纹。砚体的中心有一砚池，下部有圆柱形三足支撑。

砚，是研墨器，又称砚台、砚田、墨池、墨海、墨盘。砚的类别各异，品种繁多，从砚的质地分可分为玉砚、银砚、铜砚、铁砚、陶砚、瓷砚、石砚、漆砚等，然而最普遍、最实用的还是石砚。砚台历史悠久，据《古今事物考》说："自有书契，即有此砚，盖始于黄帝时也。"盘龙砚为我们研究汉代的文房四宝提供了实物资料。

【附录】

济源市文物保护单位一览表

全国重点文物保护单位（7处）					
序　号	保护单位名称	类　别	时　代	地理位置	公布时间
1	济渎庙	古代建筑	宋—清	市区北海庙街	1996.11
2	奉仙观	古代建筑	金—清	市区荆梁街	2001.6
3	大明寺	古代建筑	元—清	轵城镇东轵城村	2001.6
4	阳台宫	古代建筑	明—清	王屋乡愚公村	2006.6
5	柴庄延庆寺塔	古代建筑	北宋	天坛柴庄村	2006.6
6	轵国故城（含泗涧古墓群）	古遗址	周	轵城镇东、西轵城村，泗涧村	2006.6
7	五龙口古代水利设施	古建筑	秦—清	五龙口镇五龙头村	2013.5
省级保护单位（21处）					
序　号	保护单位名称	类　别	时　代	地理位置	公布时间
8	庙街遗址	古遗址	新石器时代	济源火车站，北海小李庄、小刘庄一带	1963.6
9	沁河谷栈道	古遗址	三国	克井镇瓮庄西北沁河左岸	1986.11
10	栗树沟遗址	古遗址	新石器时代	坡头镇栗树沟村	1986.11
11	轵城关帝庙	古代建筑	金—清	轵城镇东轵城村	1986.11
12	迎恩宫	古代建筑	明—清	王屋镇迎门村	2000.9
13	二仙庙	古代建筑	明—清	梨林镇大许村	2000.9
14	盘谷寺	古代建筑	明—清	克井镇大社村	2000.9
15	静林寺	古代建筑	明—清	承留镇南姚村	2000.9

续表

序号	保护单位名称	类别	时代	地理位置	公布时间
16	清虚宫	古代建筑	清	王屋镇清虚村	2006.6
17	南姚关帝庙、汤帝庙	古代建筑	清	承留镇南姚村	2006.6
18	沁园遗址	古遗址	新石器时代	五龙口镇化村	2006.6
19	塘石关帝庙	古代建筑	明、清	克井镇塘石村	2008.6
20	北勋石佛寺	古代建筑	明、清	承留镇北勋村	2008.6
21	南天门（包括天坛山石刻）	古代建筑	明	王屋镇天坛山	2008.6
22	西关汤帝庙	古代建筑	明、清	济水街道办事处西关村	2008.6
23	引沁渠工程	其他	1965—1969	济源紫柏滩至孟州槐树口村	2008.6
24	聂政冢	古墓葬	战国	轵城镇泗涧村	2008.6
25	东逯寨三皇庙	古代建筑	明	五龙口镇东逯寨村	2016.1
26	西石露头玉皇庙	古代建筑	明、清	天坛街道办事处西石露头村	2016.1
27	白鹤堂	古代建筑	明	思礼镇高庄村	2016.1
28	报恩寺	古代建筑	明	玉泉街道办事处中马头村	2016.1

胜景掠影

——美景处处醉仙客

济源是一座古城。黄、沁、济、蟒四水献美，太行、王屋两山聚宝。这里的好景观让人交口称道、流连忘返；历史文化源远流长，文物古迹遍布古邑，这里的厚重历史，让人回味无穷、受益匪浅。历代文人雅士、硕儒耆宿慕名游览济源胜景。唐代三大诗人李白、杜甫、白居易，唐宋八大家中的韩愈、苏轼，金代文学家元好问，清代书法家王铎、金农……皆曾来到济源，他们或挥毫泼墨，或赋诗吟唱，留下了赞颂济源的千古名篇。

济源自然景观和人文景观极为丰富，全市风景旅游区规划面积约占全市总面积的30%，这在中原地区并不多见。济源旅游格局已呈“二龙戏珠”之势。北部王屋山、五龙口、九里沟犹如一条蜿蜒盘旋、气势磅礴的山龙，彰显阳刚之美；而南部沿黄河则形成小浪底、黄河三峡等水上巨龙，颇具阴柔之美；中间以济渎庙为代表的市中心区，宛如一颗明珠镶嵌其间，璀璨夺目。

目前，济源已有5处国家AAAA级景区，2处国家级风景名胜区、1处世界地质公园。

天坛山

大道之源王屋山

·王屋山：洞天福地人文厚·

王屋山景区是国家重点风景名胜区和AAAA级景区，总面积265平方公里。2003年王屋山以珍稀地质遗迹等资源优势名列第三批国家地质公园榜首，2006年又成为中原三大世界地质公园之一。王屋山主峰天坛山，相传是轩辕黄帝设坛祭天之所，千百年来一直被视为炎黄一统天下的圣地。誉满中外的寓言故事《愚公移山》就发生在这里。

王屋山是一座以道教文化为特色的山。主峰天坛峰海拔1715米，高耸于太行山南端，有“太行之脊，擎天地柱”之称。王屋山以天坛峰为核心，前有华盖峰开道，后有五斗峰压阵，左有日精峰相伴，右有月华峰簇拥，这一峰突起群山低围的拔地通天之势，独具“王者风范”，被誉为“道境极地”。

阳台宫

阳台宫是王屋山著名的“三宫”之一，其全称为大阳台万寿宫，是司马承祯奉钦命所建。阳台宫坐北朝南，坐落在华盖峰南麓的台地之上，背依天坛峰，高耸如凤首；面对九芝岭，散列如凤尾，因此，这里被称为“丹凤朝阳”的风水宝地。唐代大诗人李白游览此地后，诗兴大发，挥毫题写：“山高水长，物象万千。非有老笔，清壮何穷。”这就是李白唯一传世墨迹《上阳台帖》，此帖现藏于故宫博物院。整体布局：中轴线上依次为山门、大罗三境殿、玉皇阁、长生殿，两边有东西廊房、西王母殿、白云道院等，现存多为明清古建筑，计8座35间。阳台宫内有一棵古菩提树，相传为唐代玉真公主所植，树身粗三围，其花为白塔状，果实成熟后串起来可做念珠用。宫院中5株桧柏，都有上千年的树龄，其中两株的树冠枝条或如蛟龙探海，或似金凤长鸣，被称作龙柏、凤柏，寓意龙凤呈祥。大殿月台上的大铁镬，口径1.7米，深0.8米，还有月台下的石槽长丈余，四面浮雕牡丹花卉，均系明代遗物。

阳台宫主要建筑为三清大殿和玉皇阁。

玉皇阁

三清大殿系河南省现存规模最大的明代木结构建筑，殿内纵横排列的30根方形或圆形石柱，通身浮雕，形象优美，栩栩如生，再现了许多与道教有关的神话故事。

玉皇阁，面阔三间，周匝回廊，为三檐两层歇山顶楼阁式建筑，高大的台阶之

央视网
太行寻奇 王屋探秘（上）

央视网
太行寻奇 王屋探秘（下）

阳台宫

上，外部回廊有20根方形石柱，内部有8根高达12米的木柱支撑，系明代结构。楼顶梁架系清代重修，回廊石柱通身浮雕，盘龙丹凤、高士、羽人及神仙故事栩栩如生，表现了明代精湛的雕刻艺术。

2006年6月，阳台宫被公布为全国重点文物保护单位。

道境广场

道教是中国土生土长的宗教。从华夏始祖轩辕黄帝王屋山设坛祭天开始，王屋山道文化就与中华五千年文明相伴而行。为了再现王屋山昔日道教的辉煌，重塑王屋山天下第一洞天的意境。2014年，济源市在阳台宫的山门所在地山门沟，开始修建规模浩大的道境广场。整体建筑按“天上北斗星（天中），地上北斗坪(地中)”来布局。

道境广场规划面积546亩。包含了入口综合服务区（370亩）和阳台朝圣祈福区（176亩），建设内容主要有：游客服务中心、景区牌坊、生态停车场、景观雕塑群、大型地雕、五行四象广场、醮坛、太清门、道文化人物长廊、风水馆、道源馆、献殿、钟楼、鼓楼景观等。道境广场统揽王屋山的道教文化、黄帝文化、愚公精神等文化精髓，并运用情景化、互动化、体验化、博览化等多种手法重塑王屋山“天下第一洞天”意境、建设王屋山景区的第一印象区。它的建设既是王屋山内涵的延续，又是王屋山文化的起点。同时也是中国道教历史的一个缩影，穿越道境广场，就可以感受到整个道教历史的发展过程。

五行四象广场

道德经墙

醮坛

钟鼓楼

愚公移山群雕

“愚公移山”群雕由郑州雕塑创作室设计制作，济源市旅游局组织施工，由群雕、碑廊、洞天桥、智叟亭等组成。千百年来愚公精神就是我们中华民族艰苦奋斗、坚韧不拔的精神象征，是中华民族宝贵的精神财富。群雕形象地再现了老愚公吕三太率儿子、孙子及邻人寡妇共同挖山的场景。

清虚宫

清虚宫位于王屋山三官岭下，大店河畔，北依岗丘，南临开阔的河谷平地，景色秀丽，环境幽雅，被称为“蛟龙吐玉”之宝地。清虚宫创建于唐代，原名清虚观，王屋山道教著名“三宫”之一，始建于王母洞前，元元统二年（1334）重建时移于现址，清代再次修建。

2001年，清虚宫被公布为河南省文物保护单位。

迎恩宫

迎恩宫上下两进院落，位于垂珠峰脚下，依山顺势而建，紫微溪和滴水岩环抱于宫前，为“二龙戏珠”之风水宝地。迎恩宫创建于唐初，相传为迎接圣驾朝拜天坛而建，宋徽宗游王屋山华盖峰时，曾驻驾于此。现存有山门、财神殿、祖师殿、玉皇殿等。

2001年迎恩宫被公布为河南省文物保护单位。

银杏树下不老泉

央视网

山的诉说 王屋山

迎恩宫

■ 紫微宫

紫微宫为王屋山道教“三宫”之首，位于天坛峰南麓的中岩台上。因其在王屋洞天中所处位置，与紫微星座居北天中的位置相对应而得名。紫微宫是司马承祯创建于武则天圣历二年（699），历代均进行过修葺，依山顺势，层层筑台，三进院落，中轴线上依次有朝真门、天王殿、三清殿、通明殿等，现大部分成为遗址。朝真门和宫前台阶为近年新修。紫微宫院内沿有唐、宋、元、明、清各代碑30余通，其中《大唐王屋山中岩台大紫微宫贞一先生庙碣》碑，详细记述了司马承祯的生平事迹，是研究王屋山道教史的重要资料。元代的《大朝圣旨碑》上刻有蒙、汉两种文字，系国内稀有的双语碑碣。

紫微宫对面建有孙思邈药堂，这里陈列着相传曾由孙思邈在王屋山发现的鸡头参、天坛灵芝、何首乌等珍贵药用植物200多种。因此，王屋山被誉为我国“中草药宝库”。

紫微宫下距阳台宫约10公里处还有一棵古银杏树。这棵银杏树有2000年左右树龄，是中国现存五大银杏树之一，树围约9.1米，当地以“七搂八拐棍”形容其粗大。银杏树下有一山泉，名曰“不老泉”，为王屋山有名“灵泉”之一。此泉水流如注，永不枯竭，经化验证明此泉水

古银杏树

不老泉

中含有丰富的矿物质，经常饮之，有较好的保健作用。

地质公园

王屋山世界地质公园跻身全球48家世界地质公园之列，是一座以典型地质剖面、地质、地貌景观为主，以古生物化石、水体景观和地质工程景观为辅，以生态和人文景观互为辉映为特色的综合型世界地质公园。公园由一系列具有特殊科学意义、稀有性和美学价值的能够代表本地区地质历史和地质事件的地质遗迹组成，是王屋山拥有的一张世界级名片。距今25亿～14亿年，是地球早期演化的关键时期，陆地的形成与超大陆的聚合、裂解是这一时期演化的重大事件。研究这些地质事件是当今地学研究的国际热点。王屋山保存了从距今25亿年前开始的嵩阳、中条、王屋山、晋宁、加里东、海西、燕山、喜马拉雅等多次造山运动的地质足迹，其中元古代火山岩，鲜活地再现了14.5亿年前的古裂谷、古火山，是时代最早的古火山天然博物馆，这些都具有极高的地质科学、历史文化和美学观赏价值。这里是人们了解古地质史的好去处。

天坛峰

天坛峰为王屋山主峰，是中华民族一统天下之圣地，《黄帝内传》称其为琼林台。天坛峰顶面积大约240平方丈，被道家视为“五岳四渎、十大洞天、三十六小洞天神仙朝会之所”。元代改称这里为“总仙宫”，明代增建玉皇殿、南天门等。总仙宫是王屋山道教“天下第一洞天”的轴心，与北京天坛祈年殿为同类建筑。置身天坛峰顶，但见云绕山巅，远望黄河如带。倘若条件适宜，人们还会在这里欣赏到“天坛云海”“天坛倒影”“天坛日

王屋山世界地质公园

天坛云海

出”“王母仙灯”等奇观。山顶老子祠东北，舍身崖突出巨石，阔尺许，长丈余，悬空而立，下临深渊，古时凡登山朝拜者，立此石上，以验其诚。相传八仙之一的吕洞宾曾说“人心安定，方立此石”，故又名“定心石”。

舍身崖

王母洞

王屋山的洞穴中最著名的是王母洞和灵山洞，它们都笼罩着神秘的面纱。王母洞位于垂簪峰下的大溶龛内，南面正对天坛峰，洞口高约5米，宽不足1米，只可容单人进洞。洞穴幽深奇古，洞中有泉，古人称其“周回万里、潜通瑶池”，为西王母修道之所。洞东面的抱朴坪，相传为晋代葛洪修炼之地。盘旋登山，只见灵山腹内中空，是一组水平发育的溶洞，洞中套洞，纵横交错，俗称“四十八条街”。悬崖上有5个洞口，均有明代所建砖石结构一面坡山门，分别题刻“洞天门”“朝阳门”“九天门”“七宝门”等，主洞坐西向东，门额刻“第一洞天”。向西出“七宝门”，两侧门联为“七朵莲花在此处，丘刘谭马郝王孙”，这里曾是以丘处机为首的道教全真派北七真修道的地方。峰顶

"莲花吐蕊"之地，建一座单檐无梁"混元殿"，恰到好处。在深秋之夜，王母洞会有点点萤光飘起，高低明灭，时隐时现，古人诗曰："光来天上照天明，夜半双双空际行。应是瑶台迎法驾，故教玉女捧仙灯。"这便是王屋山著名的"王母仙灯"奇观。

王母洞

• 五龙口：猕猴乐园入画廊 •

五龙口景区是国家AAAA级景区，国家级猕猴自然保护区，位于济源市东北15公里的太行山南麓，是一处以猕猴观赏、温泉疗养、山水游览、礼佛参禅为特色的山岳型风景区，拥有自然和人文景点68处，面积128平方千米。五龙口历史悠久，这里有仰韶、龙山文化遗址8处，古庙宇、古寺院遗址7处，摩崖题刻、古刻造像5处，神话觅迹十几处，历史文化名人活动遗迹十几处。有秦时的古枋口遗址、东汉的沁水公主园遗址、三国的曹魏古栈道、北魏的盘谷寺、唐代的香岩寺及化城寺遗址、明代的袁公祠等。沁河景区的摩崖题刻，更是珍贵的诗文和书法遗存，其历史、文学艺术价值极高。据史书记载汉明帝、隋炀帝、唐明皇、清乾隆帝等都曾亲临幸游；韩愈、白居易、苏东坡、文彦博等历代文人墨客都曾到此宴游赋诗。

五龙口风景区主要由5个近似平行的南北走向的区域构成，呈条带状分布，由西向东分别为盘谷景区、沁河景区、愁儿沟景区、白涧沟景区、阳落山景区，五大景区以其特有的山水资源和人文景观而各具特色。目前主要开发的是愁儿沟景区，这里峰峦叠翠，山川秀美，为北方山水画派宗师荆浩的创作之源，一代大师就是在此画出了传世之作《匡庐图》。其画风宗唐法宋，开创了中国山水画

猴王争霸

央视网

乡韵济源

之先河，现建有“荆浩展馆”志之。景区内有猕猴群落分布，是最具特色的动物景观，五龙口猕猴是世界上纬度最北的猕猴群落，同时五龙口景区也是国内最大的猕猴栖息地。经过驯化的猕猴不仅可以表演节目，还可以模仿人们的各种动作，与游人嬉戏、合影。

猕猴王国

以野生猕猴观赏为主题的“猕猴王国”，生活着16群3800余只太行猕猴。太行猕猴属于灵长目猴科，为国家二级保护动物。它们各个双眼皮，大眼睛，形体俊美，善于攀援、模仿性强，是地球纬度最北的猕猴群落，在我们的想象中，猕猴一般生长在南方，可在这地球的北半部，却生长着这么多猕猴，这是为什么呢？相传，当年孙悟空大闹天宫，又偷吃了太上老君的仙丹。然后，那泼猴随手便把装仙丹的宝葫芦扔到人间，于是在五龙口的白涧沟里就形成了一个葫芦潭。后来孙悟空被如来佛翻手压在五行山下。这座五行山，就坐落在葫芦潭边。而后孙悟空保唐僧西天取经，修成正果，被封为斗战胜佛。哪里跌倒哪里爬起。孙悟空是从五行山出发去闯天下的，当然还要回到五行山里来。现在白涧沟里就有一座大佛山，似孙悟空般眉目清秀，坐姿端庄。美猴王在此，猴子猴孙自然趋附，这样太行猕猴就在五龙口一带繁衍开来，形成了这一特种环境下的种群，也就是现在的猕猴王国。美丽的传说，鲜活的现实，美妙地结合起来，浑然一体。

西游记主题公园

为更好地开发猕猴资源，实现人和猕猴的和谐相处，2015年景区以“猴文化”为主题，融入《西游记》元素，修建了包

猕猴王国

太行猕猴

《西游记》主题公园

美猴王真人秀

含猴王宫、水帘洞、西游人物雕塑和水榭舞台的西游主题公园。在这里不仅可以观赏整个猴王宫景观，观看到以《西游记》为主题的趣味表演，还可以看到成百上千只野生猕猴在飞瀑流泉间饮水嬉戏。自此，这里成为太行猕猴的主要活动场所。此外，这里的“美猴王真人秀”，参与性极高，深受广大游客喜爱。

香岩寺

香岩寺位于愁儿沟猕猴公园东侧。据县志载，唐时为觉林禅院，元代毁于战乱，明清时又得以重修。因寺后有香炉山，又改称“香岩寺”。当时寺庙规模宏大，后又被毁。现在残留有柱础、石雕、石碑、墙基等遗迹。1991年以来，群众集资又修复了后殿、大雄宝殿、山门、围墙，重塑了佛像，彩绘了壁画，砌好了石桥、台阶。香岩寺附近石壁上有古代题刻残留。

香岩寺

桃都山

桃都山颇具传奇色彩。汉代《河图括地象》一书记载：“桃都山有大桃树，盘屈三里，上有金鸡，日照此则鸣，下有二神，一名神荼，一名郁垒，并执苇索，以伺不祥之鬼得杀之。”桃都山上有金鸡

桃都山

顶，下有左、右金刚峰。山顶有大面积的野生桃林，与文献记载完全相符。相传后羿死于这里的桃木棍，因此古人认为桃木避邪，宋代王安石的诗句“千门万户曈曈日，总把新桃换旧符”，说的就是这个意思。以后桃符又逐步演变为春联、门神。相传我国最早的门神就是指这里的神荼和郁垒，后来才有了画影图形的文门神、武门神，所以这里可能是中国门神和春联的发源地。古代传说太阳是天帝的儿子。后羿射日，得罪了天帝，结果被奸人逄蒙假借天帝之命用桃木棍击死。太上老君为伸张正义，派金鸡星下凡，为后羿减罪。因此，自古就有“天上金鸡星动，天下大赦犯人”的说法。李白也曾赋诗曰：“我愁远谪夜郎去，何日金鸡放赦回？”现在这个“金鸡”就永远留在五龙口的桃都山上了。

桃都山春色最诱人。每当大地回春，漫山遍野桃花盛开，阳坡背坡先后竞放，花期长达一个月之久，历来到此赏花览胜者络绎不绝。

荆浩画馆

五龙口景区主道旁有座荆浩画馆，是为纪念中国山水画坛宗师荆浩而建的。荆浩，字浩然，号洪谷子，济源市五龙口镇

后羿与春联

荆浩画馆

画屏峰

人，我国山水画派宗师。他兼取吴道子用笔和项容用墨之长，著有《笔法记》，其面对真山真水写生的主张，对后世影响深远。他的代表作《匡庐图》就取材于“十里画廊”的画屏峰。荆浩画馆北靠风景秀丽的十里画廊，南临碧波荡漾的香岩湖，馆内陈列有荆浩及其弟子之书画作品30余幅，院内建有历代名人颂五龙口的诗人碑廊。其建筑考究，装饰精巧，风格独具。

画屏峰

画屏峰壁立万仞，怪石嶙峋，松柏高挂，涧溪低吟，峰间悬泉喷珠溅玉，向有“小黄山”之美誉。其实，画屏峰即是《匡庐图》的创作原型。画屏峰背后，半崖绝壁涌泉，泉水夏季散落如垂珠，冬季结冰似玉帘，长年累月形成一个偌大钟乳石，其上草木茂盛，极具观赏价值。唐大和五年（831）9月26日，大诗人白居易“危蹬上悬泉，澄湾转枋口……公门欲返驾，溪路犹回首”。流连忘返，处处可谓“白诗荆画”。

中华猕猴园

2000年建成的中华猕猴园，是集猕猴观赏、科研、娱乐表演为一体的猕猴乐园。在这里，经过驯化的猕猴能进行简单的加、减、乘法计算，会模仿人走钢丝绳、骑自行车、打篮球、变脸谱等。惊险、滑稽、夸张的杂耍表演与北山上的大圣宫和对面的画屏峰等美景遥相呼应，动静结合，融为一体，让人赏心悦目。

杨广古道

五龙口古隋道，是专为风流天子隋炀帝来五龙口游玩而修建的骑马观光石径，故称衙道。据《隋书·张衡传》记载：御史大夫张衡是隋炀帝的幸臣，家住五龙口白涧村，可能是他经常在杨广面前夸家乡山水之胜的缘故，杨广在陪隋文帝祭泰山时就曾“深恨不得相过”。杨广登基后，隋大业三年（607）他幸榆林，次太原，诏发大量民夫抢修驰道90里。他骑马直抵五龙口张衡宅，“留宴三日，极乐方归”。

中华猕猴园

经过1400多年的历史风雨，现在古隋道仍是晋豫交界山民来往的通道，望着铺路石上深深的马蹄印，便能引发人们思古之幽情。2015年，景区重新修复了杨广古道，在原有古道的基础上增设了栈道、凉亭、观景台等辅助设施，重新展现了其昔日的风采。

杨广古道

香岩湖

20世纪50年代末，济源市五龙口镇山口村群众自力更生修建大坝，拦洪灌田，每当夏日丰雨期间，香岩湖里山水相映，碧波如镜。由于此湖是一个季节性水库，2003年山口村村民集资数百万元，在其下方建了一个长137米、高40余米的大坝，2004年在济源市旅游局的大力支持下，又投巨资打通了与沁河景区相连的交通水利涵洞，在山顶上修建了人造瀑布，湖内可

香岩湖

容水约120万立方米，湖岸整齐垒砌，岸上搞生态绿化，再利用旧村废弃的土窑洞，通过整修装饰，与现有的猕猴自然保护区融为一体，建成一个山水相融、人猴嬉戏的景点。

• 小浪底：千顷碧波蕴诗情 •

九曲黄河从青藏高原起步，穿山越岭至河南济源完成了万里峡谷之旅，开始了千里平原之行。位于济源、洛阳之间黄河段上的小浪底水利枢纽工程举世闻名，它形成的272平方公里的高峡平湖景观，使这里成为中国北方最具特色的水上游览区。小浪底景区西起八里胡同，东到黄河西滩，全长50多公里，主要景点以小浪底工程为中心，依次有西霞院水库、留庄英雄民兵营陈列馆、坝后公园、大峪湾、明珠岛等。

■ 西霞院水库

西霞院反调节水库位于小浪底水库大坝下游16公里处，是小浪底水利枢纽工程的配套工程。设计坝高139米，坝长3059米，蓄水水位134米，总库容为1.62亿立方米。由于西霞院水库水位较浅，是开展水上游乐活动的理想场所。其中黄河

西滩不被水淹奥秘

小浪底水利枢纽

西滩经筑岛工程之后，像一颗翡翠镶嵌在大河之中。

留庄英雄民兵营陈列馆

留庄英雄民兵营陈列馆位于坡头镇留庄村。抗日战争、解放战争时期，留庄民兵在我党地下武装“杜八联”的领导下，拿起大刀长矛，抱着葫芦舟，驰骋在黄河上下，先后作战400余次，歼敌1200余人，沉重打击了日本侵略者和国民党反动派，并为刘邓大军陈谢兵团领渡黄河天险做出了重大贡献。1947年太岳军区把一面写有“河防堡垒”的锦旗授给了留庄民兵营，党支部书记薛平华和民兵李传玉也被太岳武委总会评为特等民兵战斗英雄。在社会主义建设时期，留庄民兵居安思危，常备

西霞院反调节水库

留庄英雄民兵营陈列馆

不懈，革命传统代代传。1962年，薛平华等5人参加了全国民兵英雄大会，受到了毛泽东等党和国家领导人的亲切接见。1964年，中共中央中南局和武汉军区授予留庄民兵营“英雄民兵营”光荣称号。

小浪底调水调沙

■ 小浪底水库

小浪底水库是国家重点投资项目，位于黄河中游的最后一个峡谷处，是一座以防洪、防凌、减淤为主，兼顾供水、灌溉、发电、养殖等综合利用的特大型水利枢纽工程。工程主要由大坝、泄洪排沙洞群、地下发电系统三部分组成，建设时期曾先后云集了来自51个国家和地区的700多名外商和上万名中国水电建设者。小浪底工程曾创下了3项世界纪录和5项国内纪录。小浪底水库最高运用水位275米，总库容126亿立方米，电站总装机容量180万千瓦，年发电量51亿千瓦时，可控制黄河流域92%以上的面积。小浪底坝后公园包括大坝区、工程文化区、湖心区、黄河故道、黄河文化区和工程纪念区6个部分，以水景和林地为特色，使游人在观赏宏伟工程的同时，也能了解黄河的文明史。大坝北部的进水塔由19个进水口组成，分4层排列，高113米，宽267米，与背靠的山体融为一体，其中大小洞室多达110个。这样上下重叠、纵横交错的蜂窝状洞群工程堪称世

小浪底水库

界之最。世界上大型水力发电站的厂房一般都建在大坝旁边，但小浪底水库的发电厂却建在济源境内的一座山体中，高60多米，是当时中国规模最大的地下发电厂。泄洪洞出口建有世界上最大的消力池，每年7月调水调沙期间只见翻卷的河水腾空飞舞，犹如金龙出洞，恰似银蛇戏水，跌宕冲撞，声如雷鸣，难怪曾任黄河水利委员会主任的李国英曾感慨道：“即使是世界上最壮观的瀑布与之相比也都会显得逊色。”

• 黄河三峡：北方江南天下奇 •

黄河三峡景区东距小浪底大坝20千米，总面积40平方千米，是国家AAAA级景区。景区由三条峡谷组成，分别为孤山峡、龙凤峡和八里峡。孤山峡鬼斧神工，千仞壁立；龙凤峡九曲十折，峡深谷幽；八里峡峭壁如削，瘦谷连天，号称“万里黄河第一峡”。景区港湾交错，奇峰林立，构成一幅北方少有的江南水乡之壮丽画卷，堪与长江三峡媲美，有台湾专家看后由衷赞叹：“黄河三峡天下奇，美景胜似日月潭。”

黄河三峡

■ 孤山峡

孤山峡为南北走向，自然景观和人文景观丰富，有大宋皇帝赵匡胤发迹地石牛、杨家将活动处孟良寨，还有旗杆、双轿峰、玉玺石等，并有不少饶有情趣的传说故事。孤山峡内的八角山上有座黄河大佛，高80余米，身首分明，形象逼真。八角山上圆下方，直刺蓝天，号称“八角天柱山”。山间有座神仙洞四通八达，传说大禹治水时曾邀各路神仙于此聚会，商讨治水之策。后世战乱年代多有百姓在此避乱，洞壁上有不少留念题字。这里的翠屏峰踞孤山峡口，是当年陈谢大军强渡黄河时的五大渡口中最重要的一个。当时大部分船只在此打造，第一艘木船也由此过河。

■ 八里峡

八里峡是黄河中下游最后一道峡谷，全长4000米，宽约200米，两岸悬崖峭壁，雄浑壮丽。八里峡又名八里胡同，这里是鲧、禹父子先堵后疏治水故事的发生地。

孤山峡

八里胡同最震撼人心的景观是“九蹬莲花栈”，其南岸山峰条状宕层，九蹬九级，次第升高，似出水芙蓉，若莲花盛开，故名“莲花栈”。又因这里传说为大禹神斧所劈，还称“鲧山禹斧”。八里峡最窄的地方如黄河之天然门户，因此被称作“黄河之门”。北岸老禹洼为大禹治水时的驻留地。毛田渡在东周时为毛公采邑，解放战争中也是大军南下时的5个重要渡口之一。据当地百姓传言，当年主力部队和支前民兵浩浩荡荡，人多船少，渡河速度很慢，夜里毛田渡突然冷风骤起，这里奇迹般出现一座“冰桥”，使大军顺利过了黄河，于是“解放军是天兵天将”的说法在当地迅速传开。自古以来，当地还流传一首民谣：“九蹬莲花栈，辗转有一罐。谁能得住这一罐，能治九州十八县。”它传达的是古人讲的“治水者治天下”之意。黄河文化的一个重要内涵是治水文化。千百年来，黄河儿女留下许多征服水患的心志神愿，直至今天，小浪底工程将黄河由害变利，终于实现了人们的一个心愿。

八里峡

龙凤峡

龙凤峡九曲十八弯，又名九龙湾，它和峡内的凤凰台构成一幅美妙绝伦的龙凤呈祥图。当年“京娘化凤”与真龙天子

龙凤峡

赵匡胤的爱情故事就发生在此，所以被称为“龙凤峡”。峡内许多景点都是成双成对与爱情有关，如情侣岛、吴家寨、卢家寨、兄弟岗、姊妹峰、桃花洞、鞭打石、佛爷龛、香炉山等，是情侣休闲旅游胜地。情侣岛上有两方巨石和两株翠柏，双双对对颇有情趣，好似情人相偎相依。龙凤峡内还有个神奇的桃花洞，周围长满了野桃花，春季桃花盛开，热情似火，相传赵匡胤千里送京娘，在此触景生情，而产生了爱慕之心。

• 小沟背 · 银河峡：神话之乡多旖旎 •

小沟背 · 银河峡风景区位于晋豫交界的济源市邵原镇境内，距市区55公里，为国家AAAA级景区。景区由银河谷地及其两边的山脉构成，包括银河峡、鳌背山、待落岭3个景点，总面积50平方公里，著名景点60多个。小沟背景观独特：第一，它是王屋山世界地质公园的精华所在；第二，它是国家命名的“中国女娲神话之乡”，2008年8月邵原创世神话群被列入国家非物质文化遗产名录；第三，它是华北地区唯一遗存的原始森林腹地，自然、人文景观特别丰富，素有“彩石谷、娃娃崖、鳌背顶、原始森林”景观四绝的美誉。2014年被评为国家AAAA级景区。

自然山水梦中桃园（小沟背）

小沟背是华北地区最

典型、最壮观的火山岩地貌。人们在其他地方可能见过火山口、火山堆，而在小沟背，山下是喷涌而出的火山岩，中间是鹅卵石河床砾岩，山顶“漂浮”着的是海相沉积砂岩，它清晰地记录了王屋山由海变山和华北古大陆裂解、拼接的全过程，真可谓沧海桑田、天翻地覆的世界地质奇观！这里满沟的五色石，五色胶结之状真的就像炼就的一样。鳌背顶横空出世，长2000米，厚400米，远望酷似一只巨大的神龟卧于峰顶。号称“百米长卷”的四空山娃娃崖，上面爬满成千上万个栩栩如生的浅黄色裸身石娃娃。自古以来，人们根据这些“规模宏大、历史久远、形象逼真、系统完整”的象形物，演绎出了一部壮丽的“女娲炼五色石以补苍天，断鳌足以立四极”和抟土造人的创世神话。

小沟背的原始森林里保存着许多珍稀的野生动植物，是人们探险旅游的好去处。清澈的溪流在银河峡奔腾跳跃，巨石相间，潭瀑相连，悬空栈道和造型别致的小桥，构成一道亮丽的风景线。山村民居采用石头垒砌，依山傍水，建筑奇特，这种原生态环境，犹如世外桃源。

银河峡

银河是贯穿小沟背景区的主要河流，溪水源自析城山，四季长流不断，全长12公里。河道开张闭合，宽窄不一，河水清澈透底，其中急流、浅滩、飞瀑、幽潭随处可见。尤其是不同砾岩结构的五色石和网纹清晰的砂岩，具有很高的观赏价值，银河峡被人形象地称为“彩石谷”。有句民谣说：“天上银河星星稠，地上银河彩

火山岩地貌

银河

石谷。”银河谷地巨石林立，经千万年自然风化和河水冲刷，在堆石洞一带形成奇景，有宾石、堆石洞、簸银潭、流金槽、七叠瀑、仙人岭等景观，它们大都有美丽的神话传说。特别是七叠瀑，每当夏秋之季，银白色的水流自山巅蜿蜒而下，在绿树掩映中连降七级，犹银蛇出洞，似白练悬空，若隐若现，声震山谷，游人无不驻足观赏。

从银河对岸向西看，凤凰台高高耸立为凤首，沿凤颈向鳌背山延伸一道山梁为凤身，两侧山岭像凤翅，呈展翅欲飞状，形象逼真，栩栩如生。前面的河床相传是女娲、伏羲嬉戏沐浴之处，所以称为“龙槽凤池”。岸上“金凤展翅”惟妙惟肖，河中“龙槽凤池”相偕成趣，附近还有青龙瀑、熊戏水石、阴阳太极石、汤谷扶桑石等景观，天地造化之奇将七八千年前的母系氏族原始文化表现得淋漓尽致。尤为珍贵的是，凤凰台下那块略呈圆盘状

彩石谷

七叠瀑

凤凰台

的五色石，面积有20多平方米大小，经过千百年河流的冲刷，中间形成近两米深的坑槽，形如游鱼，一动一静，构成阴阳两仪，被称为阴阳太极石。

小沟背村西北的山体，可称得上是地质奇观。从山沟向上，岩层逐步出露的是从火山砾岩到沉积砂岩，因此人们可以看到火山岩在山下，而沉积岩“漂浮”在山顶的现象。小沟背复杂的岩层叠压、奇特的由海变山地质构造，是王屋山世界地质公园的核心景观。在创世神话里，裸露的鹅卵石砾岩，就像女娲炼石的原料场，巨大的五色石是炼就的补天石，因此这里被称为“炼石村”。据《太平御览》载：“伏羲坐于方坛之上，听八风之气，乃画八卦。”从伏羲台向下俯视，只见银河在小沟背村呈“S”状蜿蜒流淌，天然一幅巨型太极图。

济源是“愚公移山”故事的发生地。小沟背古朴的原生态环境，被大型神话电视剧《王屋山下的传说》剧组看中，剧中愚公的家乡夹缝村就在此取景。夹缝村坐落在山间溪旁，有30多间茅屋和议事厅、祭祀台等仿古建筑。整个村落依山就势错落有致，小桥流水景色宜人，已经形成景区新的亮点。

谷地精华银河峡全长1500米，河段落差60米，峡谷幽深，台壁交错，大部分河床基岩裸露，清澈的溪流在墨绿色的火山岩上奔腾跳跃，无路可攀。景区栈道因山

《王屋山下的传说》拍摄剧照

景区栈道

就势，精心施工，或以钢筋支撑荆条编铺，或飞架钢索铺垫木板，是现代技术与传统方法的巧妙结合，朴实耐用而又不失美观，既保护了生态环境，又解决了交通问题。

游银河峡，主要是观水赏石。银河峡有著名的老君石、鸳鸯石、恐龙石、四象石、老君潭、连环潭、卧虎滩、通天河、大禹床、金蟾望月等景观。特别是两块巨石值得一提：一块网纹图案犹如一组惟妙惟肖的龙、虎、雀、龟（蛇缠龟）四灵兽，俗称四象石，与《礼记·曲礼上》所载“前朱鸟（朱雀）而后玄武，左青龙而右白虎”绝非巧合，“在天成象，在地成形”。当地传说人祖伏羲就是根据这里的大、小太极和四象石等，推演出先天八

夹缝村

卦的。另一块雍容富态的金蟾望月石，充分体现了远古时代男女地位的微妙关系。银河峡两岸崖壁高耸，林木葱郁，鸟鸣林间，鱼戏涧底，使人流连忘返，宛若画中。

原始森林

鳌背山

鳌背顶横空出世，海拔1929米，远望酷似一只巨大的神鳌卧于峰顶，故名鳌背山，为小沟背·银河峡景区的最高峰。这里是我国华北地区唯一遗存的原始森林腹地。走进林区，只见古藤老树，枝冠相连，阳光化作缕缕光束射入林中，到处弥漫着幽幽的清凉和静谧。原始森林里保存着红豆杉、连香树、紫斑牡丹、猴头、灵芝、鸡头参以及金雕、林蛙、香獐等许多种濒危、珍稀动植物。鳌背山顶部坦如平地，土层深厚，古木参天，花草遍野，故神农氏曾在此尝百草，教民治病健体。唐代“药王”孙思邈也慕名而来采药行医，这里的百草园被誉为我国“中草药之宝库”。鳌背山还有一个神话传说更为著名，《淮南子·览冥训》云：“往古之时，四极废，九州裂，天不兼覆，地不周载……”于是女娲炼五色石以补苍天，断鳌足以立四极，斩黑龙以济冀州。鳌背顶即是那个断了四足的神鳌所化。鳌背山为单面山，在小沟背沿凤凰岭登顶，要经过几段上百米的陡峭绝壁，绝壁之间为台坎或陡坡，险夷不一，风光无限。桃花栈位于鳌背山东侧，是一个高10米、宽3～4米，长约500米的大溶坎，坎顶由内向外层层增高，沙石板铺底，逐渐环山延伸，气势恢宏，险象环生。坎壁褶皱弯曲，就像大自然雕塑的一幅幅岩画，历代游人题了不少诗词，以表达由衷的赞叹。登上鳌背顶峰，看到的是一片华山松林，苍翠挺拔，直插云端，顿觉精神为之一振。山顶的晨曦和晚霞在青松翠柏的映衬下异常美丽，是观日出和日落的好地方。

待落岭

待落岭名称来自民间传说：商汤追杀夏桀，以射箭追尾，神箭从“箭呼门”呼啸而过，至待落岭将落未落，转弯向北落到焦濩泽。焦濩即剿获之意，暗指夏桀犯了地名。汤王灭夏建商后，把焦濩泽改称圣王坪，后世在此建了汤帝庙，至今庙宇犹存。待落岭海拔1700米。相传由于汤帝神箭的原因，从待落岭到圣王坪南北长10多千米，属顶脊夷平面，经千百年风化堆积，发育有深厚的黄土层，其上羊胡细草覆盖，颇似一个天然条状大草坪，周边被油松、华山松、五角枫以及不知名的高大乔木环抱，绿树婆娑，百鸟争鸣，俗称一马平川“二十四里天街”。

从小沟背登待落岭，上艾哈腰，经吊驴崖，爬老鼠梯，过一碗水，穿铡刀缝，沿悬龛长廊，走双合寨，即可到达天街。待落岭高峰入云，层峦断雾，山顶天街宛如创世女神仰卧娇姿，且有双石人、仙掌峰、玉皇顶、尤颅寨、四空山、回耧地、蚂蚁塘等奇观。悬龛长廊是待落岭山崖上天然形成的一条岩龛通道，长1千米，宽只有2～3米，是水平纹理砂岩与页岩交互沉积差异风化的结果。仰视壁立如削，俯瞰悬崖万丈，四周云雾缭绕，人行其上恍若漫游天街，飘飘欲仙。长廊里有一个较大石洞，旁出清泉，四时不干，被称为仙人洞。双合寨传说是女娲、伏羲兄妹的结合地，尤颅寨因蚩尤头颅留在此而得名。传说轩辕黄帝战蚩尤，久战不下，黄帝到王屋山坛顶设坛祭天，九天玄女授神策破之，蚩尤之首留落尤颅寨，身躯化为砍头山，现邵原仍存蚩尤观。待落岭最引人注目的景观，要数四空山的娃娃崖了。四空山，顾名思义就知此山四周皆是悬崖峭壁，地貌学上称之为断块山。四空山四周为高百余米、长400多米的长方形山体，西南峭壁自上而下爬满千千万万大小不等的浅黄色裸身石娃娃，它们一个个活泼可爱，栩栩如生，就像一群扎堆嬉戏的光屁股顽童。原来这娃娃崖是层理直立的白色

待落岭

娃娃崖

细砂岩，在轻微的褶皱、长期风化和山谷定向风共同作用下，迎风面岩层形成的雕塑状光滑图案，极似幼童之手、臂、背、臀等。即便知其成因，大自然的鬼斧神工也使人确信这就是女娲造人神话故事的原型物。

九里沟：飞瀑秀峰一“盆景”

九里沟景区位于市区西部15千米的思礼镇境内，景区面积约120平方千米。九里沟以山水景观见长，山峰虽然不高但山形多变，山体清瘦，山与山之间的深沟大壑中往往有异峰突起，因而群山层次极为丰富，有“自然盆景”之称，再加上典型的道教文化和茶文化点缀，也为旅游观光增添了许多人文气息。

九里沟景区青山叠翠、秀中藏奇，其主要景观有九里飞瀑、禅堂山、原大寨、茱萸泉、黑龙潭、滴水盆等。

九里飞瀑

九里沟北高南低，落差大，断崖多，丰水季节众多瀑布倾泻而下，十分壮观。其中最具代表性的有九龙飞瀑和石槽瀑布。九龙瀑落差37米，最大宽度可达27米，丰水期数股急流从天而降，雾气升腾，声震幽谷。更奇的是每当丽日晴空，置身瀑布之下举目而望，彩虹光环夺目，异彩纷呈，亦真亦幻，令人流连忘返。石槽瀑布在九龙瀑之上，只见溪水在数百米长九里沟的石质河床中连跳几级，年长日久冲刷成“S”形的石槽，银瀑飞泻，浪花点点，如流似瀑，十分奇特。“清风疏翠枝，玉泉洗碧石”，盛夏在此小憩，令人心旷神怡。西边漆树沟中有逸仙洞，洞中套洞，上下两层。上层进洞往西可直达“世外桃源”水洪池。这里是神仙聚会对

石槽瀑布

九龙飞瀑

弈的场所。东边是情侣沟，此沟经常会出现沟外下雨沟内晴的奇特现象。可谓：“东边日出西边雨，道是无晴却有晴。”据传李商隐的爱情诗《无题》就在此沟触景生情所作。“相见时难别亦难，东风无力百花残。春蚕到死丝方尽，蜡炬成灰泪始干。晓镜但愁云鬓改，夜吟应觉月光寒。蓬山此去无多路，青鸟殷勤为探看。”

蟾堂

峡谷尽头，群峰壁立，巨大的石龛内建一座小巧玲珑的蟾堂古庙。蟾堂，也有的写作禅堂，创建于唐代，以后多有修葺，是道教因山就势、自取形胜、天人合一建筑的典范。石龛进深26米，面阔59米，传说是道教北五祖刘海蟾修道之所。根据明代嘉靖年间碑记，龛内原有玉皇阁、天王殿、五龙殿、无生殿、观音殿和海蟾殿等建筑。现存石砌无生殿的楹联为“心存恭敬神如在，意秉虔诚圣有灵”。五龙殿后有龙洞，洞内凉气逼人，犹如天然冰窖。龛顶一泉，直泻而下，落地成潭，常年不竭，饮之清凉甘甜，人称天泉。据说这眼天泉颇有灵性，人在泉下呼叫，泉水会随着声音的大小而变化，很像现代的音乐喷泉。“四足蛤蟆三足蟾”。相传“癞蛤蟆想吃天鹅肉”“刘海戏金蟾”的故事就发生于此。传说这股天泉能使癞蛤蟆变成美男子，足见其神奇，因此自古以来蟾堂香火旺盛。蟾堂南面的山坡上，有一座塔状蜡烛峰，民间传说是昔日建庙时，善男信女们夜以继日紧张施工，刘海蟾祖师深感其诚，在此设蜡烛照明，通夜不熄，随后演化成峰。

原大寨

蟾堂山后的原大寨，山势雄伟，可谓“一夫当关，万夫莫开”。元末明初有一姓原的首领在此扯旗造反，安营扎寨，故而得名。原大寨海拔1168米，面积600万平方米，满山是茂密的森林，其中珍稀植物有山白树、领春木、野大豆、青檀、红豆杉等。20世纪30年代初，济源中共地下党领导人党继新、薛子中曾先后组织红色暴动，在此开展游击战争，威震晋、豫两省。山上现有红军游击队指挥部旧址及石碓臼等遗物，现被列为济源市重点文物保护单位。

茱萸泉

茱萸泉位于茱萸庄猕猴乐园后部的峡谷大悬崖下，有两股清泉自1.5米高的石缝中流出，日出水量正常情况下分别为150立方米和100立方米。水温恒定在20℃左右，夏季凉气逼人，冬季热气腾腾。水质清纯，饮之甘甜，经化验属于优质饮用水。若是雨季时泉水四溢，溅起迷人的浪花。

茱萸泉

茱萸泉所在基岩为寒武纪灰岩，形成于2亿年前。有关专家推测内部可能会有溶洞。

黑龙潭

黑龙潭位于十里峡茱萸泉之后，是十里峡流瀑最低处由流水冲力而形成的石潭，水深5米左右，方圆10余米，水清澈见底，内有浑身透明的深山溪鱼在自由自在地上下翻游，该鱼炸食无刺，味鲜强补，但绝对不得捕食，因为这里是自然保护区。周围幽凉，树木花草覆盖，是夏天休闲娱乐的绝佳去处。潭上有浮桥，通过浮桥登临石台阶可观澜美丽的十里峡流瀑。

黑龙潭

滴水盆

滴水盆实为滴水泉，在80米高的内倾悬崖上有一小洞，内有一股泉水流出，至洞外飘洒而下，形成壮观的水瀑至地面汇成一浅潭，溅起的水珠如碎玉飞迸，响声悦耳。站于潭边，水清如镜，凉气浸人，饮之甘甜。潭西北有一泉华石体，高4米，围径8米，形如北京猿人头像，头顶有一浅坑如盆，是过去的落水处，滴水盆由此得名。泉久而生灵，当地村民极信其灵气，在其旁建有龙王小庙，石刻显示重建于咸丰年间，庙小神大，香火久远。东南角有一大水锈石，形如大肚佛，与北京猿人相对，与龙王庙为邻，为普度众生，在此已潜修万年之久。按地质年龄推算，此景形成于七千万年之前的燕山运动。

滴水盆

• 济渎庙：祭祀河神流泽长 •

济渎庙全称济渎北海庙，坐落于济源市区济水发源地，现为全国重点文物保护单位。在解放战争战略大反攻前夕，毛泽东主席在文物专家梁思成、刘敦桢先生提供的古建筑名录中，将济渎庙画上双圈，要求严加保护。因此济渎庙成为我国古代“四渎”中唯一一处保存最完整、规模最宏大的历史文化遗产，也是河南省现存最大的古建筑群落之一，有宋、元、明、清各代古建筑26座，古碑碣40余通，被誉为“中原古代建筑博物馆”。

《史记》上说，大禹治水“东为江，北为济，西为河，南为淮，四渎已修，万民乃有居”。可见早在上古时期，济水就已被列入四渎之中了。济渎庙建于隋文帝开皇二年（582），宋、元扩建，至明天顺四年（1460）庙宇多达400余间，占地33万余平方米，延至清末，祭祀不断，庙貌极盛。遗憾的是，清同治年间捻军起义，该庙主体建筑渊德殿等被战火焚毁。

济渎庙平面布局呈“甲”字形，暗含甲天下之意，古建筑排列在三条纵中轴线上，形成前为济渎庙，后为北海祠，东有御香院，西有天庆宫的总体格局，占地面积86 255平方米。这里朱门重重，庭院深深，古柏参天，碑碣林立，绿水环绕，曲径通幽，亭台楼榭，交相辉映，不仅是古代祭祀水神的圣地，更是优美的北方古典

济渎庙清源洞府门

济渎庙清源门

园林杰作。因此成为今日济源胜景之一。

清源洞府门为济渎庙的山门。在历史上济水被封为清源公，所以祭祀济水神的地方就叫清源洞府，它的第一道门称为清源洞府门。门楼是河南省现存规模最大的明代木牌楼建筑，已经历600年风雨沧桑而雄姿未改，堪称奇迹。中间大门和御道，是专供皇帝及其钦差大臣前来祭祀之用，而其他官员只能文东武西分列两侧。

济渎庙的第二道门称清源门，用材硕大，比例适当，为典型的明代建筑风格。在清源门内，古时4座碑亭相对，现仅存2座。东边碑亭内的元代赑屃于1999年发掘出土，其上石碑不存。西边这通石碑1993年出土，保存完好，称“大明诏旨”碑，落款是明洪武三年（1370），说明此碑已在庙内度过600多个春秋。碑文内容为明太祖朱元璋的一道圣旨。通过此碑，我们可以了解历史上对岳、镇、海、渎等自然神祇祭祀崇拜的发展过程。

渊德门为济渎庙第三道门，明代中期建筑。清代同治年间，济渎庙中最有价值的主题建筑渊德大殿及回廊，完全被捻军张宗禹部焚毁。20世纪上半叶战乱期间，庙内近百株古柏被伐，一对铁狮和一尊铜像被日本侵略军盗走。目前渊德门内西侧尚存一棵汉柏，有2000年左右的树龄。清代沈荣昌诗云：“汉家何人留此柏，王母桃核生磐石。伏流千里养根株，脊土百年长寸尺。”相传此树是王母娘娘的仙桃核化生，民间奉为神树。距汉柏不远的中轴两侧，还有两口对称的古井。近年按照明代《济渎北海庙图志碑》图标所示，恢复了2座井亭和周围82间回廊，古色古香，气势不凡。渊德大殿建于宋初，现遗址柱础历历在目。根据宋代李诫的《营造法式》，柱础直径等于其上柱子高度的十分之一强，而此殿的24根柱础直径都有60厘米，可见渊德大殿之雄伟。济渎寝宫位于大殿之后，为面阔五间、进深四架椽的单檐九脊殿。寝宫重建于北宋开宝六年（973），距今已有上千年的历史，是河南省现存年代最早的木结构古建筑。作为全国地上文物第二、地下文物第一的文物大省，河南现存的宋金时代单体木构建筑仅三座，而济源就占了两座，即济渎寝宫和奉仙观内800多年的三清大殿（另一座为少林寺初祖庵大殿）。济渎庙共有三尊济水神塑像，渊德殿一尊站像、一尊坐像，而寝宫内则供奉济水神的卧像，故称济渎寝宫。回廊墙壁上镶嵌的石碑，其中有几个历史艺术价值较高，如元代大书法家赵孟頫的《投龙简记》碑、唐代薛希昌的《游济渎记》碑等，书法非常漂亮；宋代的灵符碑，俗称鸟虫体、蝌蚪文，至今无人辨识。通过这些石碑，我们可以看到历代皇家祭祀水神的盛况。

帝王祭祀水神，包括渎神和海神。

济渎庙小北海

江、河、淮、济四渎中，济水称为北渎，因北海远在今天俄罗斯的贝加尔湖，祭祀颇艰，唐代有人建议：济渎龙池是个海眼，潜通北海，据此即在济渎庙内增建了北海祠以方便就近祭祀。北海祠在济渎庙中自成独立体系，又与济渎庙整体布局相协调。其主体建筑仍以济渎庙的轴线延伸，形成祭祀重心。临渊门是北海祠的山门，重建于元大德四年（1300），为河南省现存不多的元代建筑之一。龙亭面阔、进深各三间，单檐歇山造，三面环水，凸于池内，因此又叫水殿。其柱础为宋代构件，柱子为元代遗物，而顶部则为明代重修，一个小小的亭子涵盖几个朝代的建筑风格，实属不易，具有很高的建筑研究价值。这里是古代帝王派钦差祭祀北海神的主要场所，主祭官员将向池中投掷金龙玉简。2003年8月整修济渎池时，曾发现北宋熙宁元年（1068）玉简一枚，简文标明当时所投祭物还有金龙，是当时最高规格的祭品。

济渎池分东、西两个泉池，为济水发源地，又名“龙池”“北海池”。北海祠所有建筑都围绕济渎池构建，龙亭对面为灵渊阁和北海神殿（遗址），池边还有桥亭、白虎亭、无梁殿等。灵渊阁重建于明代，阁前石勾栏上的透雕宝瓶与“卍”图案，为典型的宋代做法，是我国古代石雕艺术宝库中罕见的宋代石雕勾栏实物。东西泉池上并列三座宋代石桥，与周围亭台池榭交相辉映，形成北方古典园林风格。早晨顺亭东望，雾气氤氲笼罩池面，迷迷蒙蒙犹若薄纱；当晨曦初露，旭日东升，橘红霞晕大似车轮，妙如美女出浴，风姿秀逸，跳跃升腾，若影若幻，景象万千，游者无不叹为观止。“济渎晨霞”历史上就为济源九景之一。新中国成立以后，历经千年风雨的济渎庙又获新生。文物部门还多次对寝宫、清源洞府门、玉皇殿、龙亭等主要建筑进行维修。玉皇殿前汉柏高20余米，围长6米多，枝叶尚茂。相传唐代大将尉迟敬德当年监修济渎庙时，曾在树上挂过钢鞭，故称“将军柏”。明代尹安诗赞：“夜来明月枝头动，疑是将军宝剑光。”殿后高台上的长生阁重建于清代，露台前横生长青松柏，台壁镶嵌有元代集贤殿大学士许有壬手书“天下第一洞天”石刻题额，书法大气磅礴，雄浑有力。明代河南巡抚蔡汝楠将此石刻由王屋山移至庙内，一为易于保护，二为方便祭祀，三是将仙境与道境融合，有自然天成之美。

• 奉仙观：荆木作梁世罕见 •

奉仙观，位于市内荆梁北街，为全国重点文物保护单位。因主殿采用荆木作梁，俗称荆梁观。

奉仙观由著名道士孔志道创建于唐代垂拱元年（685）。后来道士贺兰栖真入住，因其深研老庄学说，得以入宫讲经，被宋真宗封为“宗真大师”。贺兰栖真利用皇帝封赏大肆扩建，使奉仙观规模达到高峰。以后各代虽有维修，但规模逐渐缩小。现在奉仙观为两进院落，布局严谨，小巧玲珑，占地4200平方米。主要建筑有山门、玉皇殿、三清殿及厢房，共计10座30余间。其中三清大殿面阔五间、进深三间，是河南省现存古建筑中木构纯度最高、历史文化价值最大的文化遗存，重建于金大定二十四年（1184），距今已有800多年的历史。为增加空间面积，它采用典型的减柱造结构，8根柱减去6根，公用两根大柱支撑大殿屋顶的重量，类似于晋祠的圣母殿。

三清殿最绝的是将编筐用的荆条根儿做栋梁之材，举世罕见。观内题记：“荆木梁，荆根也，出于西乡荆王，距此八里。枣木柱，出于西乡枣林，距此十八里。柿木梁，柿根也，北乡柿槟，距此八里。桑木柱，桑根也，出于南岭桑榆河，

奉仙观

距此二十里。”以上四种梁柱虽非稀有树种，但按国人传统观念，“早丧今死”的谐音却在避讳之列。贺兰栖真一反常态，大胆使用这些木材，用意是这里供奉教祖老子李耳，“老子天下第一”，邪不压正。另外山墙封板硕大，用料5立方米，可谓海内孤例。难怪我国著名古建筑学家梁思成、刘敦桢在考察之后评价其“手法豪放，运思奇特”。

三清殿前大唐宗姓太上老君石像之碑，为建观时所立，由李审几撰文，唐代著名书法家沮渠智烈书丹。清代金石学家叶昌炽《语石》誉其“文章宏瞻，书笔遒美，为唐代道家碑碣之冠”。此碑拓片1973年曾在日本展出。这里需要指出的是：唐高宗李治于弘道元年（683）底病故，一年内唐中宗、唐睿宗相继即位又废，紧接着武则天执掌朝政，改元光宅。这时“大唐洛州济源县宗姓奉为高宗天皇大帝于奉仙观敬造太上老君石像碑”，大张旗鼓地创建奉仙观，说明李唐势力借道教抗拒“武周革命”，致使全国道教活动重心北移。这也是后来王屋山所以能够被尊为我国道教“天下第一洞天”的重要原因。

• 大明寺：《营造法式》一实例 •

大明寺为国家重点文物保护单位，位于济源市南轵城村。汉代原为轵侯祖庙，北宋仁宗时改为佛教通慧禅院，元代至元十四年（1277）改称大明寺。

大明寺占地2万平方米，三进院落，古建筑中轴线依次为山门（明）、天王殿（遗址）、中佛殿（元）和后佛殿（清），旁列金刚殿（清）、阎王殿（清）、伽蓝殿（明）等，共计15座41间，明代碑碣、石狮7通（件）。中佛殿建于元代至元十三年（1276），距今也有700余年历史，为河南省仅存的4座元代单体木构建筑之一，具有较高的历史艺术价值。该殿面阔三间，进深三间，单檐歇山式九脊殿，内柱仅施两根，也为典型的减柱造手法，是研究宋代《营造法式》对元代建筑影响的珍贵实例。后佛殿广、深各三间，虽系清代建筑，构架却是袭古手法，这在全国也不多见。殿内梁架彩绘“白马驮经”“四大天王”“云龙大点金”“仙女步行图”等，色彩鲜艳，是研究明清时期中原地区古建筑彩绘艺术的难得资料。院内有一棵千年娑罗树，树冠高大，枝繁叶茂，也为大明寺增色不少。

游罢济源的秀美山川、人文胜景，让我们以金代文学家元好问的一首诗《游济源》作结吧：

地古灵多足胜游，高林六月似凉秋。
云间雉堞横千里，水面龙宫倒十洲。
盘古村墟几来往，玉川人物自风流。
一丘一壑平生事，独著南冠是楚囚。

大明寺内中佛殿

大明寺内的千年娑罗树

名品荟萃

——奇珍异宝物产丰

一方水土产一方物，一方物产养一方人！

王屋钟灵，济水毓秀，孕育了丰富的地方特产，养育了勤劳的愚公子孙。厚重温润的天坛砚，令历代文人墨客珍爱有加；甘苦纯正的冬凌草，为世代济源人民驱病除疾；紫红高贵的济渎蒜，散发出清醇的异香；香酥可口的土炒馍，传递着浓郁深厚的乡情；有来历、有故事的美味“不翻”，济源人民情有独钟……

品味济源的名品特产，你品咂出的不仅仅是一种味道、一种风俗，更是一种文化、一种情怀！

• 文房重宝“天坛砚” •

天坛砚是我国名砚之一，亦称盘谷砚或盘砚，因砚石产于济源之盘谷、天坛山而得名。

天坛砚石质温润细腻、坚而不脆、柔而不绵、滑而不溜、色如琼瑶、声如木鱼，有“质之坚润，琢之圆滑，色之光彩，声之清冷，体之厚重，藏之完整”（明高濂《遵生八笺》）的美誉。成砚后发墨酣淋、纯净均匀、贮墨不耗、积墨不腐、冬不冻、夏不馊，写字作画虫不蛀，素有“盘墨宝色”之称。

天坛砚石主要开采于盘谷后山、天坛山、沁河谷等区域，上乘者有青紫灰色之“青斑”、嫩绿色之“柳芽黄”、红黄绿共生之“三彩”，以及红墩、天蓝、瓜子、鱼子、玄珠、麦叶绿、猪肝红等，有金线玉带者为贵，故有“端石有眼，盘石有线”之说。

天坛砚

天坛砚的设计制作大多因石赋形、以石立意、因材施艺，依据砚材的外观形状、自然成色和起伏纹路，精心揣摩，力求达到工艺与自然的和谐，其造型可归纳为几何砚、象形砚和随形砚三大类，其工艺雕刻精细、造型生动、古朴大方。“愚公移山”“盘谷全景”“天坛春晓”“龙凤呈祥”“九龙戏珠”等砚品，极具地方特色，巧夺天工，妙趣横生，集实用、观赏、收藏性于一体。

历代文人墨客对天坛砚推崇备至，韩愈的《天坛砚铭》记载：“儒生高常，与予下天坛。中路获砚石，似马蹄状，外棱孤耸，内发墨色，幽奇天然，疑神仙遗物。宝而用之，请予铭焉。铭曰：仙马有灵，迹在于石。棱而宛中，有点墨迹。文字之祥，君家其昌。”从“有点墨迹”一语，可以看出韩愈描述的是青斑砚石。宋代苏轼诗云：“石自天坛产出，松烟磨去生香，虽然质朴古雅，却能细腻风光。”清代大学士纪晓岚《阅微草堂砚谱》中记载了两方盘砚，铭曰：“石出盘涡，阅岁孔多，刚不露骨，柔足任磨，此为内介而外合。”

天坛砚历史悠久，据济源市梨林镇汉墓考古发现推算，天坛砚早在东汉时期已有制作，唐开元年间已经开始批量生产，清代天坛砚产业得到较大发展，主产于西许村、东许村、盘谷寺、南庄等。新中国成立后，政府组织艺人走上专业化生产道路，天坛砚生产进入前所未有的繁荣时期，先后多次参加广交会、全国文房四宝展览等，受到专家学者和中外友人好评。

近年来，天坛砚先后获得一系列殊荣：1986年，获得河南省工艺美术品百花奖；1991年，获得国家轻工部“优质产品”称号；2003年，被中国文房四宝协会认定为“中国文房四宝十大名砚”；2011年，被列入河南省非物质文化遗产保护名录；2015年，国家质检总局批准天坛砚为“国家地理标志保护产品”。

当前，济源有天坛砚经营商户20余家，从业人员百余人，砚雕名家张许成、王天才、张开泰、张书碧、高根栓等先后获得“河南省工艺美术大师”等荣誉称号。成千上万方天坛砚，纷纷走向祖国各地，成为无数文人墨客和收藏家的案头珍宝。

王屋仙草“冬凌草”

冬凌草又名冰凌草、延命草、彩花草等，为多年生草本或亚灌木、小灌木，系唇形科香茶菜属植物碎米桠变种。霜降过后，其植株凝结薄如蝉翼、形态各异的蝶状冰凌片，遇阳光而不化，遇风沙而不落，故又称冰凌花、冻凌草、冰水草。

冬凌草

《中国土特产大全》载：“冬凌草是生长于河南省济源县太行山、王屋山中的野生名贵中药材……全株可入药。”此草在济源市的克井、五龙口、邵原和思礼等乡镇均有分布，生长在海拔500～1000米的丘陵区和山区。

冬凌草纯天然、无污染，甘苦纯正，口感舒服，具有清热解毒、清咽利喉、消炎止痛之功效，在王屋山区常年被百姓当作茶叶饮用，以求“解毒热、清浊气、润咽喉”。民谣曰：“日饮冰凌草一碗，防皱去斑养容颜，亮嗓清音苦后甘，驱除病魔身心安。”据传药王孙思邈在王屋山行医采药时，常用此草入药，救活百姓无数。1972年，中国食管癌研究中心发现冬凌草具有独特的抗食管癌、贲门癌、原发性肝癌的功效，从此被广泛应用于临床。

每年5月前后，是采摘冬凌草青炒茶的最佳季节，青炒茶是精选冬凌草顶端嫩叶，经杀青、揉条、晾青、筛选等多道工序精制而成，其茶色青透、汤色翠绿、甘苦适口、回味悠长，对治疗上呼吸道感染、急慢性咽喉炎、口腔炎和预防上火、感冒，均有神奇效果。采收冬凌草入药，则以6月为宜，9月可再收一茬。

随着冬凌草功效在医学临床方面不断被发现，济源市济世药业等企业生产的冬凌茶、冬凌草含片、冬凌草糖浆、冬凌草饮料等也相继投放市场，冬凌草针剂也正在研发中。2006年，冬凌草获得“国家地理标志保护产品”称号后，济源市又在克井镇枣庙村建立了冬凌草规范种植基地，在济源市农业科学院成立了冬凌草研究室，进一步加大了研究与开发力度。

采摘冬凌茶

• 温床育出“济渎蒜” •

济渎金蒜，又称庙街蒜，因产于古四渎之一的济水发源地济渎庙东邻庙街村而得名，又因蒜皮呈红紫色，质感厚重，犹如古铜，故称“金蒜”。

济渎金蒜古时为贡品，有“走过怀府八个县，金贵还数庙街蒜”之誉（明清时济源属怀庆府管辖）。济源金蒜的珍贵之处表现在以下方面：一是蒜味香。捣制后的蒜泥清香扑鼻，入口绵酥，辣而不烈，回味悠长。二是个头大。古时度量济渎金蒜用成人左手虎口，虎口正好握住，称“一虎口”；握不下用右手食指卡在左手虎口环间，称“一虎口一”；再握不下，可依次置右手二指、三指于左手拇指与食指间，称“一虎口二”、“一虎口三”。古时虽无化学肥料，但济渎金蒜多在一虎口一、二之间，大于其他地方所产。三是耐贮放。蒜泥隔夜无异味，贮放期长于一般蒜泥。四是成熟早。济渎金蒜的蒜薹在清明节上市，比当地其他蒜薹上市早10天以上，新上市蒜薹与猪肉同价。五是种植少。“物以稀为贵”，济渎金蒜只宜在济渎庙相邻的庙街村和铁岸村种植，面积共计只有数十亩，所以显得弥足珍贵。

济渎金蒜品质优良，主要有赖于优良独特的生长环境和精耕细作的栽植技术。济渎庙为济水发源地，水位浅，地温高，平地涌泉，北海池、珍珠泉中到处可见向上翻滚的泉眼。为便于排涝，庙街人独创“合瓦地”，就是将瓦错落多层反扣于地下，让水在缝隙中流走，瓦上面覆盖土层进行耕作。这样，既疏通了河道，扩大了种植面积，又能起到保湿保墒、防涝防水、平衡地温的作用。

济渎金蒜的栽植也需十分精心。耕耘时要把土块全部碾碎，不留硬块，然后打成畦，按5寸左右的株距和行距栽种。锄蒜时为避免损伤根部，不同于其他作物的锄作方法，而是用独特的小锄，先自前

济渎蒜（红紫）与普通蒜（白）

济渎金蒜所依赖的合瓦地基本构造图

向后“切”，然后自后向前“推”，不厌烦琐，小心翼翼。蒜苗生长期间还要追施农家肥，农家肥务必细碎，均匀地扬在地面。“一亩园十亩田”，农忙时男女老幼齐上阵，吃饭也来不及，从家中端起饭碗边走边吃向地里赶，到珍珠泉边已经吃完，就着泉水洗涮后，把碗一字排开放在岸边，成为一道独特的风景。虽然十分辛劳，但是农人心里十分舒坦，因为一亩金蒜可以给他们带来十倍于其他农作物的收入。

精雕细镂做“花馍”

济源西部山区的风俗，春节走亲戚要带“花馍”。此地古名邵州，因此也叫“邵州花馍”。

所谓花馍，是要在馍上割花的。具体做法是，先掐一块拳头大小的面团，揉成锥形，左手中指在面团中间按个坑作为圆心，逆时针转动面团，右手执刀沿着四周顺时针割上十来刀，然后用手指把面锥的中间一点点按薄，把饼延展放大，如同一朵盛放的花朵，就成了花馍坯子。

烤制花馍的器具叫“炉馍鏊”，这种鏊子下面是一个直径一尺多的生铁盆子，离地十多厘米支着；上盖为平铁板，三根铁丝吊着，用木炭、木材等燃料烧旺火。烤制时馍坯盛在中间的盆子里，上面烧大火，下面放底火，上蒸下烤，三五分钟就是一炉。因为是在炉子里烤出来的，也叫它“炉馍”，炉馍的过程叫“炉炉馍”，前面那个“炉”字是动词。也有说法认为应该叫“镂馍”，因为它是镂刻出来的。

花馍

制作花馍是一个“系统工程”，全家男女老少都上阵，甚至需要左邻右舍来帮忙。有揉面的，面需要前一天和上，发开了，第二天加入适量的碱面，揉均匀，因为面多，揉面费力，需要力气大的人来做；有做馍坯的，往往需要两三人，多是女主人领班；有看炉子的，俗话叫“看鏊”，一般是男主人的工作；有传递坯子的，大多是十来岁孩子的任务。刚刚烤出一炉，满院子弥漫着小麦面特有的清香，一帮调皮捣蛋的小孩子都来抢着品尝。小孩子们吃过了，也还可以帮个小忙，比如火苗不旺时对着炉子煽火、在馍坯中间盖上红印图个吉利；也会添个小乱，比如用脏乎乎的小手模仿大人揉面团，或者绊倒了放馍坯的盘子把馍坯摔落一地，或者对着炉子一个劲地煽把火烧大了、把馍烤煳了。满院子欢声笑语，一家的年味，就从这一天浓了起来。

花馍有大小之分，直径十来厘米的是小花馍，二十来厘米的是大花馍，一尺有余的是大馍。小花馍用于平辈之间的走动，或者长辈看望晚辈；大花馍往往用40个组成一担作为重礼，专用于嫁闺女、做周年时“打礼”；大馍用于晚辈看望长辈，关系特别近的还在馍中夹进调料、糖、芝麻等，以示孝敬之深。送大馍最有讲究，如果只有一位长辈在世，可以只带一个；如果受礼者两口子都健在，要带两个，对方会收一个、留一个，以示谦让。每年最为难的是刚结婚的小两口，因为年纪轻，长辈大多都健在，女方的老爹老娘、爷爷奶奶、伯伯叔叔，以及男女双方的舅舅妗子、外公外婆及七大姑、八大姨，都要送大馍的。新娘子回娘家需要一下子送出二三十个，就摞成两摞，用两个布袋装起来，下面的怕硌坏了，就垫上个锅盖，然后新女婿担着走，不出二三里地，新女婿就汗流浃背了。

花馍作为济源西部山区的独特食品，不仅是一种香酥可口的美味，同时更包含着浓厚的亲情、尊卑的礼仪、新年的祝福。如今，各种盒装的节礼代替了花馍，春节前做花馍的家庭越来越少。但是，花馍将永远留在乡人的记忆中和味蕾里，虽然日渐减少，但也会代代相传。

养胃强筋夸“土馍”

王屋土馍也称土炒馍、土角角馍，是济源西部山区特有的风味食品，其最主要的特色就是在白土中炒制而成。

炒馍之土取自于陈年壁土，呈灰白色，直壁之上、无雨水侵蚀、无草木生长、无虫蚁噬咬者为佳。《本草纲目》记载“壁土拌炒，借土气助脾”；《本草蒙荃》记载“陈壁土制，窃真气骤补中焦”。土块碾碎后，用筛面罗筛取细面留用。

土炒馍的制作方法是：把面粉发酵后，加入食盐、鸡蛋、芝麻、花椒叶等，揉成面团，搓成指头粗的条状，切成花生大小的面块。炒制时，先将土面放入锅内，加热至“噗噗”冒热气，即可将面块均匀入锅，适时小心翻动，三五分钟而成。用爪篱捞出土馍，筛去浮灰，即可食用。

土馍

王屋土馍的来历有多种说法。

一种说法是：一对赵姓的夫妇，逃荒到王屋山区，眼看妻子即将临盆，丈夫将妻子安置到一个破窑中，讨得一瓢白面为妻子做饭。正在这时，孩子突然降生，丈夫赶紧过去接生，慌乱中将面团打翻在地。把母子安置妥善后，丈夫将错就错，挖了个土坑，在土坑下面烧火，在土坑上面将面团炙熟。谁知道妻子吃了这些面块，身体不仅很快恢复了，而且愈发强壮，不像是坐月子的身子。丈夫明白是这些土的功效，一传十、十传百，不断改进，就有了王屋土馍的做法。

还有一种说法：很早以前，王屋山部落征战进入秦地，众人忽然腹泻不止，体弱乏力，气息奄奄。其中一位年轻人在昏迷中，朦朦胧胧看到一位仙风道骨的老者，脱掉他的布鞋，叩下鞋上泥土，放入锅中煮沸，令年轻人服下。说来也奇，年轻人喝了此汤，很快恢复了精神，身体慢慢强壮起来。年轻人和大家说起此事，大家照着做，都很快好了起来。于是有人说这是神仙点化，有人说那老者是抟土造人的女娲的化身，再次用黄土普救众生。后来王屋百姓凡外出他乡者，无不带点家乡的泥土以备急用。随着年代的推移，带泥土既不方便，又不文雅，于是，聪明睿智的王屋人就取白土炒制成土馍，既可顶饥，又可强身，两全其美。

王屋土馍清香可口、外酥里软，具有醒脾健胃、消滞化食、柔和肠胃之功效，是王屋山区人民远行携带、休闲待客、馈赠亲友的上好佳品。今天的王屋土馍，已经开发为礼品，有精美的包装。将王屋土馍馈赠亲朋好友，送出去的不仅仅是亲情，更是健康。

•风正船稳品“不翻”•

“不翻”是济源最普遍的风味小吃，整个烙制过程中一次成型，不需翻过来两面烤烙，故此得名。

烙“不翻”需要一种独特的器具——“不翻鏊”。它是一种铁器，三足，圆形，直径约十一二厘米。这种鏊子的奇怪之处，在于它不是平底的，而是中间凸起、四周凹陷的，有点像是四周卷起来的毡帽。

“不翻”的制作方法是：用小米或大米浸泡后磨成糊状浆，发酵后加入各种特制调料；在加热的“不翻鏊”上抹油，舀入糊浆，盖上盖子；待听不到“哧、哧”排气声，即可取出食用。在烙制“不翻”的过程中，为增加营养，提高食欲，就加入鸡蛋。方法有两种：一是把鸡蛋直接加入糊浆中调匀烙制；二是把蛋清和蛋黄调匀，加入调料倒入“不翻鏊”中，紧接着把烙制好的“不翻”重新合在尚未熟的鸡蛋上，盖上盖儿片刻即可取食。“不翻”色泽焦黄，口感绵软，老幼皆宜，是济源人民早餐的第一选择。

不翻

“不翻”，据说与黄河文化有不解之缘。很早以前，济源黄河沿岸百姓以打鱼为生。黄河里风大浪急，异常凶险，渔民每天早出晚归，食不果腹，一遇风浪，难免翻船。有户人家，丈夫出去打鱼后，妻子在家烙饼时一直念叨“不翻、不翻”，但是不翻动却怎么也烙不熟。后来她看到了墙上挂的旧毡帽，灵机一动：做个毡帽样的鏊子，不就容易把饼烙熟了？她就找村里的铁匠做了这种特制的鏊子，烙出的饼也就命名为“不翻”。很快，这种“不翻鏊”就在黄河沿岸流传开来。男人们带上“不翻”驾船打鱼，一则当干粮充饥，二则图个平安吉利——“不翻船”。

小小“不翻”，不仅是源远流长的黄河文化的缩影，同时也折射出黄河儿女的聪明才智和对美好生活的殷殷向往！

“不翻”食品与黄河文化

虎岭面叶

『非遗』概览

——愚公故里重『文化』

济源市民风古朴，民俗文明。济源市的非物质文化遗产，除了保留有中原民俗文化所特有的礼仪、信仰和节庆等方面较普遍的风格特征以外，也传承有以当地劳动人民的勤劳、善良、智慧为载体的民间文学、传统音乐、戏剧曲艺、体育竞技、手工技艺、祖传医术等内容。目前，济源市国家级非物质文化遗产名录项目有一项：邵原神话群；省级有十项：愚公移山传说、王屋琴书、天坛砚（盘谷砚）、卢仝煎茶技艺、黄河船工号子、手工造纸技艺（白棉纸制作技艺）、黄龙日盘八卦历、董永与七仙女的传说、怀梆、石氏针灸。

山水印证——邵原神话群

女娲补天之五彩石

邵原神话群2007年被列入河南省首批非物质文化遗产名录，2008年被列入国家级第二批非物质文化遗产名录。

邵原神话故事广为流传，其中尤以女娲炼石补天、女娲抟土造人的传说影响最大。另外，盘古开天辟地、黄帝祭天、黄帝战蚩尤、颛顼与共工、神农尝百草、鲧禹治水、成汤祈雨等神话传说也都深入人心，这些神话故事在当地的乡土民俗、碑刻遗址以及景观实物遗存中皆有体现，特别是在邵原镇的奇峰秀水中，与神话相契合的自然遗存原型物众多，不但规模宏大，且形象逼真，系统完整、印证清晰。因此，邵原被海内外学者誉为中华创世神话发源地和众多神话传说“连续剧”的天然大观园。

曾流传于邵原民间的“打旱鬼”“祈水（雨）”“绣在妇女儿童鞋帽上用于避邪的饕餮装饰”，还有伏羲演八卦的四象

麻姑传奇

鳌背山

石和太极石的传说，更有鲜为人知的蚩尤观（碑刻为证）遗址、黄帝大战蚩尤之马坡（村名）、黄帝屡战不胜设坛祭天之济源境内的王屋山天坛峰等都与远古的神话故事相互印证。

战神蚩尤之砍头山

在邵原四空山南侧的悬崖峭壁之上，有一处高20余米、长近百米的娃娃崖犹如天然的浮雕群，无数黄褐色赤体娃娃或面壁而立，或比肩而悬，与远古洪荒时期女娲抟土造人、挥绳溅泥的神话故事相吻合。另外，邵原辖区内有堆满银河峡谷的传说为女娲炼石补天的五彩石，有传说为女娲化身的昂头屹立、绵延数里的凤凰台，有颇似女娲仰卧观天的巧妙群峦组合的始母峰（也叫女娲峰），有神农尝百草的药柜山，有断鳌足以立四极的鳌背山，有杀黑龙以济冀州的黑龙山，有共工撞倒的不周山（斗顶山），有昭示天边塌陷的西边天（山名），有蚩尤被斩的砍头山及相应的尤颅寨，有大禹治水的黄河八里胡同，有汤王射箭的待落岭，等等。

• 精神故园——愚公移山传说 •

愚公移山传说传承于济源王屋山区，流传于全国，2007年被列为河南省首批非物质文化遗产名录项目。

王屋山是世界地质公园，位于济源市西部，山区乡镇总面积占全市的一半。王屋山是我国古代九大名山之一，道教十大洞天之首，系历史上道教活动圣地。境内庙宇繁多，古称仙境，山民生活素有“三最”之说：最险的是路，最缺的是水，最苦的是人。千百年来，王屋山一带流传着老愚公吕三太率全家搬掉门前的两座大山的故事。

相传很久以前，王屋山上有个老头子名叫吕三太，脾气倔，好抬杠，身高七尺，力气很大，可掷牛于地。他家祖祖辈辈都住在深山坳里，出门就爬坡，家里吃水要翻过三里高坡去挑山泉，抬脚前腿弯，鼻子顶着山。有一次，吕三太挑着大

王屋山愚公故居

水桶，爬着顶心坡，好不容易快把水担到了山顶，因为坡陡路险，一个趔趄跌倒在地，桶摔碎、水洒完，气得他把钩担一折两段，大吼一声“山滚蛋”。回去以后就把全家人叫在一起，提出搬山开路的想法，却遭到一家人的反对，二儿子吕石蛋还跟他吵了一架。吕三太说：“咱家总不会绝后，我死了还有儿孙接着挖山。”吕石蛋说：“儿孙们也不会干这种傻事，简直是做梦。”当天晚上，石蛋和媳妇一商量，第二天就和老人掂开锅（分家），开起了豆腐坊。吕三太一气之下，就去找铁匠打了一把10斤重的大镢头，一个人上山挖了起来。家里人也不管他，都认为他干不下去就会自动放弃。没想到吕老汉早出晚归，一直挖山不止。这天，老伴去给他送饭，见老头子头朝下躺在山坡上一动不动，吓了一跳，正要呼叫，吕三太抬起头笑着说：“怕啥？我这是治饥法，饿了干不动，头朝下躺着闷一会儿，就不饥了。”听到这儿，老伴哭了，忙盛了一大碗饭让他吃，并拿起工具帮他挖山。没多久，二儿子吕石蛋的豆腐坊也关了门，因

愚公移山处

为做豆腐用水更多，担水实在困难，只好叫停，也跟父亲合了伙，全家七口人一起挖山开路。这件事感动了全村人，在族长的带动下，男女老少一起出动，农忙种地，农闲挖山，苦干了数年，还真的把门前的山丘挖平了，并修出一条运水的大路。

在王屋山上，还留下许多有关愚公移山传说的遗迹。愚公村（原名燕婆洼）西，有一处破窑院，只剩下模糊不清的轮廓，传说是愚公老宅；村东有一山壑，崖层断裂，形如刀削，传说是愚公移山处。

《列子·汤问》中《愚公移山》的寓言故事，传说是以济源民间流传的“吕三太搬山”的故事为素材创作而成。

• 乡音寻踪——王屋琴书 •

王屋琴书是济源市所独有的民间艺术，它的演唱语言以王屋山区的方言为基础，地方特色鲜明，其主要乐器有琴、手板、钗、八角鼓、四弦等。王屋琴书自清道光年间流传到现在，已有100多年的历史了。其源，目前尚无史料可考。王屋琴书主要流传于济源市的王屋镇、邵原镇、大峪镇、下冶镇等山地丘陵区一带。

清道光年间（约1838），黄河南岸琴书艺人王定（生卒年不详）来济源王屋卖艺。他演唱的琴书音韵沉稳、情调感人，颇受群众欢迎。王屋镇竹泉村原鼓书艺人郭茂林（生卒年不详）对王定更是崇尚不已，他将王定老先生请到自己家中，百般殷勤款待，使其收己为徒。郭茂林学艺心切，竭诚投师。在王老先生的言传身教下勤学苦练，几年后，郭茂林青出于蓝而胜于蓝。他演唱的琴书，音韵更纯厚，情绪更激昂，形成了自己的独特风格，在济源西部大受欢迎。以后，郭茂林又将自己的侄子郭同德、郭同贵和儿子郭同仁，收为徒弟。至此，赫赫有名的 “郭家班”就这样形成了。“郭家班”演唱的琴书即被山民们称为“王屋琴书”。由于王屋山区过去交通闭塞、经济落后，“王屋琴书”这种演员少、道具简、流动方便的曲艺形式，就成了山区广大群众最高的艺术享受，如庙会、古会、节日、求雨、祈福、拜神等较大的集会活动都少不了请说琴书的演上十天半月，以示隆重。王屋琴书的

王屋琴书

演出还不限于济源王屋山区，也经常到山西省的阳城、垣曲一带的盛大集会、庙会、古会上一显身手，热闹助兴。

王屋琴书是以唱为主、说唱相间的说书类曲艺曲种，其艺术特点是：沉稳、舒缓、激昂。先以乱砸、四句诗、引子、前奏曲开头。板式结构有慢二八、二八、帮腔（也称含腔）、紧二八、流水等。慢二八、二八板，节奏平稳，多用来叙事和介绍人物。紧二八节奏明快、情绪激越，多用于表现高潮、热闹紧张的情节。流水板格调夸张、节奏明朗，多用来表现对事物的刻画、描写。所有板式结构严谨、安排合理。如《观城头歌》《观大街歌》《观花歌》《梳妆歌》等。

王屋琴书的曲目题材比较广泛，其中“公案袍带戏”“言情生活戏”方面的曲目最多，传统曲目有《刘公案》《彭公案》《丝绒记》《王文玉投亲》《还阳传》《合家乐》《杜村英》《小姑贤》《小姑不贤》《李三娘担水》《红灯记》《昆山传》《杨八姐游春》等。20世纪70年代以来，也有作者创作了新曲目，如《接班树》《养不教父之错》《雷锋颂》等。

王屋琴书在其发展和演变过程中，形成了一些基本特征：①具有原生态的民间地域文化艺术特征；②形成了较完整的曲艺体系，由语言到演唱形式从根本上有别于其他艺术风格；③具有叙事性强，人物描写细致，情节夸张热闹，节奏爽快明朗等特点；④曲调委婉，结构严谨，集唱、演、奏于一体，形式灵活多变，演员和演奏员随意交流，气氛热烈，感染力强；

⑤可借鉴、吸收和创新，具有多源和共存性特征；⑥乐曲主调和板式简约质朴，铿锵沉稳，通俗和谐，符合群众性欣赏的规律；⑦用琴伴奏，以板击节，鼓、镲衬托，乐器还可做道具使用，效果独特；⑧曲目丰富，题材多样，情节完整，设备简单，便于流动演出。

王屋琴书在解放战争时期已较为兴盛。1947年，刘、邓大军过黄河时，在济源下冶乡逢掌村驻扎了七天七夜。当时的十八团部文书杜志凌，将以郭茂林为首的“郭家班”请来为部队做向导，并为广大官兵演说王屋琴书，曾大受欢迎。

目前，王屋琴书有两位省级代表性传承人：周观世（现已去世）与刘天杰。

2007年，王屋琴书被列为河南省首批非物质文化遗产名录项目。

文房墨宝——天坛砚（盘谷砚）

天坛砚，又名盘谷砚或盘砚，因其砚石主要产于济源市王屋山天坛峰至太行山盘谷一带而得名，于2011年被列为河南省第三批非物质文化遗产名录项目。济源市是天坛砚（盘谷砚）的唯一产地。天坛砚（盘谷砚）享有“中国文房四宝十大名砚”“河南省名牌工艺美术品”“国家地理标志保护产品”“河南省老字号”等称誉。

天坛砚（盘谷砚）作为文房用具由来已久，以济源仰韶文化时期的研磨器为砚的前身来说，距今已有5000年的历史。从济源1986年汉墓出土的四龙戏珠砚看，距今也有2000余年。而见之于有文字描述的最早记载是韩愈的《天坛砚铭》，距今有1200多年的历史。天坛砚（盘谷砚）是中国当今少数几个仅有的传承历史在千年以上的石砚雕刻技艺。天坛砚（盘谷砚）形式多样，题材内容广泛，石品特征丰富，花色品种更是千变万化。

天坛砚（盘谷砚）的砚石采用我国地质年代最古老的蕴藏于距今约6亿年的寒武纪断带地层的石质，是在漫长年代深山泉水浸润和高山重压的环境下形成的，其主要成分有黏土、石英、白云石、绢云母等矿物质，砚石纹理致密，温润如玉。石品有青斑、红墩、天蓝、麦叶绿、柳芽黄、三彩石、瓜子石、玄珠石等十余种，其形状有墨迹、冰纹、金线、玉带、刷丝等。

天坛砚（盘谷砚）的石材决定其使用性能，石品的特色与雕刻设计的巧妙配合更起到锦上添花的作用。天坛砚（盘谷砚）制作需掌握辨石识品、书画描绘、设计雕刻乃至工具打造等多种技能。“砚堂砚池”为其实用部分，“砚额砚边”部分多雕刻纹饰供人赏玩。天坛砚（盘谷砚）的制作工艺流程为：采石、选料、制坯、图稿设计、雕刻、打磨、上蜡、配匣等。雕刻用具为高碳钢打制的凿刀、铲刀、平刀、圆刀、弧形刀等。

天坛砚（盘谷砚）的基本内容可以归纳为砚石和雕刻两个部分。①砚石：天坛砚（盘谷砚）石属板岩，具有层理构造，因此有不渗水的特性；砚石总硬度3.5，并含有复杂的矿物质成分，适当的石英和绢云母含量使砚石刚柔相济，发墨既快又细；矿物质成分含量的不同使砚石呈现不同的色泽和石品特征，更具观赏性。砚石开采艰难，石材珍稀。所以砚石的识别、选择和运用是天坛砚制作的重要内容。②雕刻：天坛砚（盘谷砚）雕刻有线刻、浮雕、高浮雕、透雕、圆雕等多种技法，视图案设计要求可单独或配合运用。旨在使图案主题突出，层次分明，线条流畅，气韵生动。天坛砚的设计制作多随石赋形，因材施艺，造型古朴，布图雅洁。天坛砚（盘谷砚）形制多样，有随形、正方、长方、正圆、椭圆、六角、八角、扇面、菱形等。图案多以喜庆吉祥、历史典故及地方人文景观为题材，寄托着人们对美好生活的向往，且有恬淡的生活小趣，既有传统式样，也不乏创新之作。其风格既有江南纤巧玲珑之秀，更具中原民族雄强豪放之气，展示了我国文化遗产的多样性。天坛砚（盘谷砚）作为文房四宝之一，既属于书画器具，又具很高的审美价值、研究价值和收藏价值。

天坛砚（盘谷砚）制作采用的器具有：①开采砚石使用的风钻、钢钎、铁锤、斫子等工具。②切割砚石使用的小型带锯。③雕刻工具分平刀、圆刀二类，刀宽1～20 mm的不同规格约十几种；还有锤子、磨石和金刚石切、磨、刻等工具，可提高工效，减轻劳动强度。④砚盒采用核桃木、梨木等优质木材；涂料用大漆、高档聚酯类漆。

天坛砚（盘谷砚）历史悠久，有鲜明的地方特色和珍贵的艺术价值。纵观其历史沿革和发展历程，具有以下基本特征：①天坛砚（盘谷砚）艺人依据砚石资源和手工技艺世代相传，具备原生态的文化特征。②天坛砚（盘谷砚）石品丰富，纹理缜密，色泽晶莹玉润，所制砚台研磨墨汁发墨保湿不损毫端，其石材不易采掘，具有稀世的特征。③天坛砚（盘谷砚）雕刻随石赋形，因材施艺，造型典雅，古色古香，融书画雕刻于一体，保留着古老的文化记忆，传递着多元的文化信息，其技艺精湛，制作考究，特色鲜明，独具魅力，具有格调高雅的特征。

天坛砚（盘谷砚）传承地位于济源市北部太行山南边的村落，主要有西许、东许、南庄等地。《寿石斋砚谱》载："济源县西北西许村人，皆以砚为生。"济源制砚艺人依凭独有的砚石资源世代相传着这门手艺，其中尤以克井镇的牛姓与张姓最为出名。成书于清乾隆五十七年（1792年）距今已200多年的《谢氏砚考》中即有"盘谷砚工牛世臣"的记载。新中国成立以前出名的砚工有牛修成、牛老聋、牛修显、牛松山、牛修正等人。1957年，在上级主管部门的重视下，济源县政府手工业管理局组织艺人集体生产，牛修显、牛修正进入工厂。牛修显曾代表天坛砚（盘谷砚）出席第一届、第二届全国工艺美术艺人代表大会。1972年，国务院指示恢复传统工艺品生产出口创汇。河南省二轻工业厅拨款30万元给济源二轻工业局，恢复了天坛砚（盘谷砚）的再生产，并成立济源县盘砚厂，聘请制砚老艺人牛明忠、牛明初、牛乐仁、张怀贵等带徒传艺。当时，天坛砚（盘谷砚）作品曾第一次在广州出口商品交易会上亮相，随后走出国门，生产和经营进入一个全新的发展时期。改革开放后的1990年，天坛砚（盘谷砚）在对古老技艺研究和传承的同时，也呈现出了多元化、专业化的发展趋势。

• 七碗茶道——卢仝煎茶技艺 •

卢仝，唐代韩孟派诗人，济源武山村（今济源市思礼镇思礼村）人，其诗作《走笔谢孟谏议寄新茶》中的"七碗茶"诗句，成就了他中国"茶仙"的美名。卢仝煎茶技艺包含有备茶、鉴茶、取水、用火、煎茶、分茶、饮茶、禅茶等工序，包含了道法自然、心无挂碍、独善其身、天人合一等中国传统的文化思想内涵，其主

卢仝煎茶技艺

要是让人们通过简单便捷的喝茶方式在进行思想文化交流的同时，更作用身体于防病、抗病、保健之功效，从而使身心得到自然境界的净化和升华。

在唐代，济源市属暖热带季风气候，四季分明，气候温和，适宜生长的植被繁多。卢仝煎茶技艺所用茶叶属生长于济源王屋山区的小石茶、冬凌草等各种野茶药茶；煎茶的水取自深山石缝里流出的泉水，且取水时间选在鸟归巢、鱼沉底的夜深人静的时候，这时取出的水没有污染和杂质；取来的水须及时煎煮，这样的水煎出来的茶甘甜、新鲜；煎茶的燃料要用炭火或者藤火；煎煮时要注重火候，旺火与文火交替适配，使茶叶所含的植物精华全部释放出来；喝茶时强调大口大碗痛饮，浑身通透，神清气爽。

千百年来，济源民间一直传承着喝茶的习惯。春夏之交，人们采来蒲公英、冬凌草、小石茶、小叶茶、夜交藤、野薄荷等，洗净阴干备饮。山间野地干枯的檀藤、山葡萄藤、凌霄藤都是煮茶的好柴，当地还有人将拣来的柴火烧成木炭，用于煮茶。卢仝煎茶技艺的形成得益于家乡的地域环境，有山、有泉、有茶、有柴、有炭。

卢仝《走笔谢孟谏议寄新茶》诗，人们称之为“卢仝七碗”“七碗茶诗”“七碗茶歌”等，对后世影响深远，并被传唱千年。卢仝在诗中将自己对于茶艺、茶饮、茶道的审美体验，通过寻味、反思和感悟，提升到两腋清风不同凡尘的境界，其描述意蕴丰富且淋漓尽致，从而获得与“茶圣”陆羽齐名的“茶仙”之誉。

在中国博大精深的茶文化里，茶道是核心。茶道包括两个内容：一是备茶品饮之道，即备茶的技艺、规范和品饮方法；二是思想内涵，即通过饮茶陶冶情操、修身养性，把思想升华到富有哲理的境界。也就是说在一定社会条件下把当时所倡导的道德和行为规范寓于饮茶的活动之中。这两个基本点，在茶仙卢仝的“七碗茶歌”中都得到明显体现，特别是整首诗

央视网

唐诗与茶 卢仝——《七碗茶歌》

【知识链接】

走笔谢孟谏议寄新茶

卢 仝

日高丈五睡正浓，军将打门惊周公。
口云谏议送书信，白绢斜封三道印。
开缄宛见谏议面，手阅月团三百片。
闻道新年入山里，蛰虫惊动春风起。
天子须尝阳羡茶，百草不敢先开花。
仁风暗结珠琲瓃，先春抽出黄金芽。
摘鲜焙芳旋封裹，至精至好且不奢。
至尊之余合王公，何事便到山人家。
柴门反关无俗客，纱帽笼头自煎吃。
碧云引风吹不断，白花浮光凝碗面。
一碗喉吻润，两碗破孤闷。
三碗搜枯肠，唯有文字五千卷。
四碗发轻汗，平生不平事，尽向毛孔散。
五碗肌骨清，六碗通仙灵。
七碗吃不得也，唯觉两腋习习清风生。
蓬莱山，在何处？玉川子，乘此清风欲归去。
山上群仙司下土，地位清高隔风雨。
安得知百万亿苍生命，堕在巅崖受辛苦！
便为谏议问苍生，到头还得苏息否？

最后的峰回路转，状写了茶农巅崖的辛苦不易，更使其茶味茶品厚增了浓浓的诚挚情怀。

卢仝煎茶技艺的工序具体分为“备茶”“煮水”“投茶”“分茶”四个步骤。

1.备茶

首先炙烤茶饼，储放于纸囊中晾凉，碾成粉末筛后贮于盒内。

2.煮水

以锅、茶壶盛水，用风炉将水煮沸。

3.投茶

（1）一沸加盐花；

（2）二沸舀一勺水置一旁，用竹夹在沸水中击荡；

（3）对锅中心下茶末，顷刻茶汤势如

奔涛溅末，此为三沸；

(4) 此时用舀出来的那勺沸水，培育汤花。汤花之薄者为末，厚者为饽，细微者曰花。

4.分茶

将煮好的茶分酌于碗，末饽必须平均，至为严谨。

卢仝煎茶技艺以其鲜明的特征特色在中外茶界呈一枝独秀之势，其特点可概括为“煎”“喝”“吟”三字，既具有实用健身的民俗特点，又兼备修养超脱的精神内涵。

(1) “煎”或“煮”：讲究旺火与微火适配，这样才能使茶的精华完全释放出来，不同于明清以后的“泡”或“沏”。

(2) “喝”或“饮”：北方茶人讲究大口喝大碗饮，不同于南方的小杯饮小口品。

(3) “吟”或“歌”：“七碗茶诗”问世，扬空前绝后之名。文人雅士以茶会友的风尚传承至今。

武山清明会是济源市规模最大的古庙会，始于唐朝，是卢仝创立的。每年清明节，当地百姓邀来诗朋茶友，烹茶祭天地、祭祖宗，并行喝茶吟诗之雅事。年年清明年年会，武山清明会在古今茶人中逐渐演变成文会、笔会、诗会或以茶会友的交谊会等。至今，在卢仝故里济源市思礼镇，当地老百姓仍保留着“武山清明茶会”的风俗习惯，传承着古老的煎茶喝茶的技艺。

2011年12月，卢仝煎茶技艺被列入河南省第三批省级非物质文化遗产项目。2013年1月，河南省文化厅命名李菊月为省级非物质文化遗产项目卢仝煎茶技艺的代表性传承人。

• 纤绳壮歌——黄河船工号子 •

黄河造就了华北平原，孕育了华夏文明。伴随着这条中华民族的“母亲河”，书写出的是辉煌灿烂的黄河文化，那么，济源市省级非物质文化遗产项目黄河船工号子便是其中浓墨重彩的一笔。

黄河自古以来就是一条重要的水上交通运输干线，也是沿河劳动人民的生命线。在那陆路交通尚不发达的年代，水上航运事业占有很重要的地位。早在隋唐时代，京城长安、洛阳所需粮食许多都是经黄河源源不断地运送的。黄河中游济源境内的八里古衕断崖峭壁上，现存的人工开凿的古栈道遗迹、拴缆绳的牛鼻孔和拉船缆绳在石壁凸出处磨出的印痕，以及沿河人民传说的运西粮的故事，都成为历史的见证和文化的记忆。

北宋以来，国家政治中心东移，西部地区成了东部地区所需资源的供应地。济源西部山区有丰富的煤炭资源，还有硫黄、石膏、木材、药材和铁、铜、铝等物资，以及山区特有的烟叶、柿子、核桃等经济作物和荆编、竹编、苇编、麻织等传统手工业产品，这些物资历史上都是从各处小道送到河边码头，再装船外运。几百年来，黄河木船担负着上下游经济交流的重担，上至三门峡、潼关，下至花园口、柳园口、济南，都是船只常往常来的码头。

黄河航运几经兴衰，历史上由小木船到木帆船，都是凭人力操纵的。黄河各段有不同的水文特征，山河段落差较大，河床狭窄，航道中多急流险滩，人们把水流湍急、坡度较大的地段叫碛。下游河宽水浅、水流平缓的沙河段，人们称之为坡河。运行各河段有不同的技术规则。黄河航运多数是载货下行，卸完货物空船上行靠人力牵拉，用篙撑顶，得许多人共同劳动，集体配合，才能完成这艰巨复杂的劳动。为了能够统一指挥这一劳动群体来完成这些活动，在长期的实践中，船工们根据不同的劳动场景，把握黄河和木船的特性，创造出能够统一行动的劳动歌调，这就是船工号子。有了号子感召，大家能心往一处想，劲往一处使，共同来完成紧张、繁重的船事活动。

黄河船工号子属于黄河中下游最后一段山河地区人们首创，是沿河人民在对黄河的开发利用和长期的船上生产活动中逐步加工完善的原创民间音乐。黄河船工们都知道，济源境内的特定河段孕育了船工号子，济源为黄河船工号子的发源地，是正统流派，这是为河道船工所公认的。这种优美的劳动歌调，经河道船只往来、人员交流，随后也流传到孟县（今孟州）、

黄河船工号子之古栈道遗迹

黄河船工号子

孟津、巩县（今巩义）甚至山东、陕西一些地方，成为外地船工争相学习、引用的水上劳动乐曲。

黄河船工号子是用来协调集体行动的音乐口令，它有曲调、歌词、韵律、节拍。使用时一人引吭高歌，领号指挥，众人齐声应接，随声唱和。领号者根据不同的劳动场面、环境气氛、水文特点采用不同的号子，变换不同节奏、音调、号词，用来激励士气，振奋精神，统一步调，完成紧张、艰巨的劳动。

黄河船工号子大致有以下几种类型：

1.出沿号

出沿号用于船上岸修理或修好下水时。先用大绳在船的两端拴好拖开，领号者站立高处挥手指挥，几十上百人分列大绳两边，手握大绳，听号声用力拖拉。体育比赛中的拔河就是据此演变的。此种号气魄雄伟，气势浑厚，坚定有力，极富声威。

2.打篷号

帆船使用的风帆，船上叫船篷，是用竹竿、铁索、绳子纵横交错做成骨架，再覆以棉布做篷面来兜风。大篷用长木杆提领，通过滑轮组吊装在桅杆上。使用时，人力拉起，叫打篷。打篷号有三种：一种是雨过天晴，篷布需要晾晒，或船装好后要起航，需使用大篷，这些情况都不紧急。这种打篷号叫晾篷号或亮篷号，多用来炫耀气色，抒发情怀。打号时两人引领，上下韵对接，众人手拉绳索，听号应和，向下牵拉。这种号高亢嘹亮，清澈激越，气色优美，节奏明朗，令人心情舒畅，心胸开阔。另一种是当东风骤起，要紧急使用风帆，这种号叫抢篷号，能用短时间快速把帆升起。抢篷号雄健有力，节奏快捷，一鼓作气，果断利索。还有一种应急使用的打篷号，节奏明快，声调简单，刚劲有力，使用较频繁。

3.伸弹号

拉船使用的是长竹片编成的长竹绳，长24丈，空心，船上叫竹弹。虽然竹弹能漂于水面，但一长往往不好托起。有些地方船与河边拉船人相距太远，又不在一条直线上，要两三挂弹连接起来，水中又有许多石头挡绊，所以需岸上人一齐猛力拉动竹弹使其脱离水面，此时中间有人奋力上托，使竹弹一段一段甩动，逐渐由横斜到顺直，人们再拉船前行。这种号悠扬亮丽，欢快流畅，余音缭绕，回声飘荡，很有意趣。

4.拉船号

船上使用最多的是拉船号。黄河山河段落差大，碛多，逆水上行都得用力拖拉，人们肩套纤板，背托纤绳，躬身弯腰，听号迈步用力。拉船号又分三种：第一种叫老号，用于坡陡水急船行缓慢之时。打号时船工要匍匐地面，脚蹬手扒，拼力挣扎爬行，号声一紧一稳，交替相持。有时船好多会儿不见移动，号声催告人们不得泄气松劲。这种号凄楚悲壮，苍凉坚强，似低沉的倾诉，像痛苦的呻吟，又如求助似的哀鸣，能使旁观者潸然泪下，顿生恻隐之心。第二种叫迈号，也称二八板，是拉船时使用最多的号子。打号时人们手背身后，斜身直步，两膀甩开，步伐矫健。初时缓慢稳健，号子低沉，随着船的惯性产生，号声越催越紧，脚步逐渐加快，船也在水面快速穿行，最后号声在欢快的节奏中停歇。迈号明朗稳健，刚柔相济，节奏严整，气势豪迈。号词丰富多样，亦庄亦谐，号声婉转悠扬、流利曲折、如泣如诉、淋漓酣畅。迈号也能用于船下行流到平水没有船速时，为了加强速度使船产生惯性，人们扳动双桨，用迈号提领一齐用力，这时号声在水面荡漾，很富有诗意。第三种号叫喂喂号，用于水流不急、碛不很长时，或迈号用了一会儿，船快拉到慢水时。此种号欢快流畅，简捷有力，号召力强，能在短时间内把船拉出惯性，使用较普遍。有些高超的号手在使用喂喂号时，离开人群，一边领号，一边表演武功、体操，更能振奋人心，催动士气。

拉船号是极富表现力的号子，曲调、号词表达力很强，有哀怨、悲伤，有激越、昂扬，表现了船工紧张、繁重、苦难、艰辛的生活和朴实、纯洁、坚韧、顽强、无拘无束的性格，抒发了他们与世无争、知足常乐、任劳任怨的宽广胸怀。

5.撑篙号

船上行遇到小河沟或浅滩，不便下去拉船时使用。船工们撑船使用的木篙长丈许，篙的下端装有铁镐尖，上端安一短横木叫篙管。撑篙时人们手持长篙分列船舷两边，号声一响，大家同时下篙，篙下稳妥后，伏下身子肩托篙管用力顶撑。撑到船尾，号声一转，急速拔篙跑到船头，趁船惯性未停再次下篙。如此反复，速度逐渐转快。撑篙技术性强，动作整齐威武，如同古战场征战，又似仪仗队检阅。撑篙号高昂清亮，豪迈粗犷，节奏富于变化，紧慢缓冲交替，很有气势。当年还有一种跺脚号，据说是在坡河船快撑到码头时船工的一种表演，边撑篙边跺脚，跺得船有规律地晃动，引得岸上人驻足观看，用以表现劳动的快乐情趣。

6.打锚号

打锚号是船在坡河段时使用的。船在坡河段由于要不断变换航线，须头朝上尾朝下。船末梢两边各拴一长铁丝绳拖到船头，顶端拴一铁锚，叫梢锚。锚上再系一长绳叫梢锚顶，锚顶穿过船前头斜立的头梳顶端的定滑轮。当船需要跨越河面改道行驶时，人们把锚摘下送到河底叫松梢锚。锚钩入河底沙中拉住船尾不能下行，再凭借水的惯性使船横越河面。当船停顿时，人们急速拉住锚顶绳把锚快速打起再送入水中，如此反复，直达目的地。打锚号先清澈嘹亮，悠扬婉转，后轻捷迅速，靓丽酣畅，余音飘扬，最能激起人的欢快情绪。

7.挠船号

挠船号是船搁浅时使用的。打号者一声长啸，众人接号一起躬身用背往上拖船，要求稳健用力，不能晃动，似霸王举鼎，一鼓作气。号声沉稳持重，坚毅有力，有排山倒海的雄壮气势。

8.开船号

开船号是船装起开船下行时使用的。此时众人分头操持工具待命。艄公一声令下，打号者长号一声，众人齐声应答，撑篙扳棹，拾缆起锚，船开始离岸起航。这种号高亢、粗犷、嘹亮、悠扬，有礼别码头之意。

9.船张号

船张号是上行船只受逆水冲击突然偏斜下冲时使用的。此号用于拉船时发生紧急情况，需要大家同时拉紧纤绳，不敢缓气；或者拉船时遇到艰险路段，需提醒大家格外小心。船张号短促、快捷、紧迫，有张弦待发、不容松弛之势。

10.爬山号

此号也用于拉船，但场地须沙滩地面、平坦开阔，因用力过猛，时常会拉断纤绳，使人摔倒地下。纤夫们听号甩动两膀，上下起伏，如赛场竞技，不遗余力。号声坚毅、顿挫、震撼力很强。

还有一些号如搅关号、赶角号、带冲号、开头篷号、松大锚号等，使用不多，不再叙及。

黄河船工号子是一代又一代黄河船工用血汗浇铸出来的，是黄河文化的重要组成部分，它既有普遍性，又有代表性。

远在唐朝时期，黄河船运多属官运，朝廷在沿河征集大量船工，黄河船工号子在那时已具雏形。后来民运逐渐兴起，船工大量增加，号子得到进一步完善。20世纪30年代，木帆船引入山河，又给船号增添了新的内容。20世纪40～50年代，由于治理黄河的需要，河道运输船只大量增加，河道号声此起彼伏。20世纪60～70年代，黄河航运空前兴盛，大小船只东来西往，上下码头车水马龙，河面白帆遍布，河道号声连天。黄河船工号子成了人们日常的生活乐章。

随着船运事业的延续发展，黄河船工号子这门劳动艺术也日臻完善。许多优秀号手在承接前人的基础上不断改进、创新，形成不同风格，他们依靠自己优美的音色、优良的气质，在船事活动中享有盛誉。

黄河船工号子是一门独特的民间传统的群体艺术，用于集体的船事交往活动，基本上是众人参与。在传承上不是单一传授，而是在劳动中学习、交流、提高、发展，优秀者脱颖而出，得到大家推崇、公认，享誉河道，名传乡里。尤其20世纪40年代，内河航运在当地快步发展起来，黄河船工号子的创作进入一个新的时期，号手更是层出不穷。

目前，随着时代变迁和老船工们的相继离世，黄河船工号子处于即将消亡的状态。2009年，济源市黄河船工号子被列入河南省第一批省级非物质文化遗产扩展项目名录。

檀皮造纸——手工造纸技艺（白棉纸制作技艺）

2011年，济源市的手工造纸技艺（白棉纸制作技艺）被列入河南省省级非物质文化遗产名录。

白棉纸，又名檀皮纸，其制作技艺主要传承于济源市克井镇寨河境内圪料滩，传承历史已达四百年之久。白棉纸具有耐皱折、保墨、不变色、少虫蛀、寿命长等特点，故有千年寿纸的誉称。国家管理局和济源市档案馆曾用此宣纸来记载各类文书文件，它是保存高级档案和史料的传统用纸。

白棉纸

济源市克井镇圪料滩、东滩、渠首一带四季分明，盛产檀树，青檀皮纤维好，是制作白棉纸的理想原料。制作白棉纸的器具有：皮茎、糙皮坑、“溜粮”大锅、对头、火墙、陷坑、捞纸坯台、捞纸梁、花纸桌等。制作白棉纸要经过扒皮、蒸檀、浸泡一个月，然后翻锅，除灰洗净、晒干、泡三天，拌青灰、溜两天，洗净、砸饼、搓酱、下坑一夜，加入添加剂，捞出，砸干、晒纸等工序。

目前只有少数几位上了年纪的老人，还记得白棉纸的制作方法。白棉纸手工技艺正处于濒危状态。

• 计时古法——黄龙日盘八卦历 •

黄龙日盘八卦历是济源市太行深山区所独有的一种古老的计时方法，它产生、传承于济源市克井镇龙门河土圪村及周边村落，起源于我国道教遁世文化，是民间历法推演中的传统技能。此种技能的演示过程与商代遗址、大汶口遗址、新石器遗址出土的龟甲彩石子的形式方法如出一辙，而又别具民间、民俗的特色。

龙门河位于太行深山区，全长约190千米。河谷的跌峡之处，峰腾千寻，壁峭万仞，山川神韵，龙气沛然，更由形胜而得名。土圪自然村坐落于其中，这里便是收藏、传承黄龙日盘八卦历的范氏家族祖祖辈辈的栖居之地。此处居民鲜少，交通阻塞，信息封闭；冬不见日，夏不见月；山环崖绕，草木丛茂，壑幽谷奇，水美土肥；盛产雪檀，石可磨砚。范氏祖先在明洪武年间迁至龙门河，与土圪村民一直过着“采于山美可茹，钓于水鲜可食，寒冬腊尽不知年”的糊涂日子。

清乾隆初年，范氏高祖范立富学得一手炮制檀瓤（造纸原料）的技术，经过10多年的勤奋经营，家资略有盈余。乾隆甲戌年（1754），龙门河数月干旱无雨，范立富前往离家40里远的黄龙庙上香祈雨。时住黄龙庙的见素大师和他一见如故。见素原是北武当山修行的得道大师，乾隆丙寅年（1746）下山到盘谷寺一带布道传经。在见素大师的授意下，范立富同其一道前往龙门河自家院落旁边开山立向，设立神礼台，并在其上修建了一座形制不大的黄龙庙。按照见素的说法，甲辰日是东方青龙显灵的日子，丙辰日是南方赤龙显灵的日子，庚辰日是西方白龙显灵的日子，壬辰日是北方黑龙显灵的日子，唯有戊辰日这一天，才是中央黄龙显灵的日子。为了能够准确把握“戊辰”这个大吉大利的日子，见素让范立富找来正八边形楸木板一块［边长4寸、厚1寸（1寸≈0.033米）］，长方形椿木板一块（长12寸、宽6寸、厚1寸），彩色石子11个，圆桃核33个。然后在楸木板的两面凿出八卦图形，标志着每年的阴历（朔望月）和阳历（立春日至次年立春日）的日期总数，在椿木板上凿出34个圆坑，结合11个彩色石子表示干支纪日、33个圆桃核表示朔望月的月期和日期，做成了黄龙日盘八卦历。见素大师亲临龙门河土坨神礼台主持开光仪式，并赐予范立富镇庙安龙的法宝——太阴石和太阳石。范立富遵照吩咐，每年戊辰日给黄龙爷进香上供，虔诚祈福。从此，黄龙日盘八卦历作为敬龙礼神的计时器为范氏家族世代传承。

根据范氏家族的传世家谱记载和对遗存实物的考察，黄龙日盘八卦历迄今有250多年的历史，已历十代传人，有范立富、范绍祥、范克来、范学花、范继顺、范清俭、范廉福、范升隆、闫道原和闫文宇、闫文然。

黄龙日盘八卦历的现存遗物仅有太阴石、太阳石和第七代传人范廉福用桐木制作的黄龙日盘坯板。第九代传人闫道原通过对遗存的黄龙日盘坯板进行修复，并制作出新的八卦历盘，还配备了相应的彩色石子和圆桃核，使黄龙日盘八卦历重新恢复了它的完整性能。闫道原还在第十代传人闫文宇、闫文然的帮助下，制作出了现代的黄龙日盘八卦历演示器。如今配备的黄龙日盘八卦历各部件包括：正面有34个圆坑的木板一块，彩色石子11个，本色圆桃核18个，着黑色的圆桃核8个，着红色的圆桃核7个，黄龙石1个，太阴石1个，太阳石1个，两面有八卦图形的木板1块，八卦图板的底座1个。

圆坑在板上的布局是这样的：正中3行，每行10个，共30个，结合圆桃核用来标志每年朔望月的月期和日期。四边每边一个坑，共4个坑，左、右、下三边的坑结合彩色石子用来标志干支纪日，其中左、右两边的坑标志地支，下边的一个坑标志天干。

圆桃核的作用是：18个本色圆桃核用以标志朔望月的日期，其中有一个同时同步标志朔望月的闰月（小）；8个黑色圆桃核用以标志朔望月的大月，同时同步标志朔望月的日期；7个红色圆桃核用以标志朔望月的小月，同时同步标志朔望月的日期。

《黄龙日盘八卦历》综合结构布局

黄龙日盘八卦历

彩色石子的作用是：两个绿色石子用以标志天干的甲乙和地支的寅卯，两个红色的石子用以标志天干的丙丁和地支的巳午，两个黄色的石子用以标志天干的戊己和地支的未戌，两个白色的石子用以标志天干的庚辛和地支的申酉，两个黑色的石子用以标志天干的壬癸和地支的亥子。地支的辰和丑由黄龙石来标志。一个乳白色的石子用以标志朔望月的闰月（大）。八卦图板的正反两面分别刻有乾、兑、离、震、巽、坎、艮、坤八个卦的图形，正面的八卦图形中的阴阳爻分别是一致的，反面的八卦图形中的离、震、艮、坤四个卦的间爻细于其他爻。

八卦图板上的八卦图形标志着每年的阴历（朔望月）和阳历（立春日至次年立春日）的日期总数。正面：乾卦标志的阳历的日期总数是366天，阴历的日期总数是385天；兑卦标志的阳历的日期总数是365天，阴历的日期总数是385天；离卦标志的阳历的日期总数是366天，阴历的日期总数是384天；震卦标志的阳历的日期总数是365天，阴历的日期总数是384天；巽卦标志的阳历的日期总数是366天，阴历的日期总数是355天；坎卦标志的阳历的日期总数是365天，阴历的日期总数是354天。反面：离卦标志的阳历的日期总数是366天，阴历的日期总数是383天；震卦标志的阳历的日期总数是365天，阴历的日期总数是383天；艮卦标志的阳历的日期总数是366天，阴历的日期总数是353天；坤卦标志的阳历的日期总数是365天，阴历的日期总数是353天。

范氏家族运用黄龙日盘八卦历敬龙礼神的程序仪式及具体演示步骤如下：

除夕夜上供烧香前，按照来年皇历的阴历（朔望月）日数和阳历（立春日至次年立春日）日数调整八卦历盘。即将标志该年的一卦转至八卦历盘的正上方，放稳八卦历盘。

按照皇历，用黑颜色和红颜色的麻桃核，在黄龙日盘上标好来年大月和小月的次序（如遇闰月，大月用一乳白色的圆石子标志，小月用本色麻桃核标志）。

更新黄龙日盘上所有的本色麻桃核。即将黄龙日盘上已使用过一年的本色麻桃核全部取下，换上当年（相对除夕而言）新采集的本色麻桃核。

每天早晨，按照次序将黄龙日盘上的一个麻桃核出洞入洞，以空洞（即圆坑）标志朔望月的日期；将黄龙日盘上的一个或两个彩色石子变动，标志60个花甲子的干支日期。

每逢小月月底次日的早晨，将黄龙日盘上的两个麻桃核出洞入洞，以保持月次序的不乱。

黄龙日盘八卦历的基本特征在于：①传统性特点。黄龙日盘八卦历在当时独特的地理环境、历史条件、文化背景和生产方式下产生，是一种具有鲜明地方特色和文化内涵的中华民族非物质文化遗产。②功能性特点。黄龙日盘八卦历以独特的形式可以展示中国的作为阴阳历的传统历法，其功能包括展示朔望月的历月、历日和闰月以及干支纪日。③概括性特点。黄龙日盘八卦历具有独特的结构和演示方式，以实现其纪历的功能，从而体现和展示中国传统历法中特有的各要素。

对黄龙日盘八卦历起源的挖掘、整理和保护，主要有以下几方面的价值：

①学术价值。黄龙日盘八卦历与《易经》中“易与天地准，故能弥纶天地之道”的天人合一的思想相一致，能够让人去体验和理解蕴藏在八卦文化中恒久的历法之谜，对黄龙日盘八卦历的研究，将会丰富我国历法史的内容。②考古价值。黄

龙日盘八卦历与安阳出土的商代钻坑龟甲彩石子、山东大汶口出土的龟甲彩石子、河南贾湖出土的新石器时期的龟甲彩石子有着相同的用途，具有异曲同工之妙。③民俗价值。黄龙日盘八卦历既体现了传承于我国民间的敬龙礼神的风俗特征，又记载了人类在征服自然、创造生活的过程中对于科学文化的探索尊崇意识。

2009年，黄龙日盘八卦历被列入河南省第二批非物质文化遗产名录。

• 村落仙迹——董永与七仙女传说（天仙配故事）•

董永与七仙女传说（天仙配故事）发生、发展于济源市坡头镇及大峪镇辖区，流传于黄河北岸、王屋山区。2009年，董永与七仙女传说被列入第一批河南省省级非物质文化遗产扩展名录项目。

济源市坡头镇是黄河岸边一个有7000余年历史的古镇，从有关史籍可查到文字记载有3000多年的历史，曾属河阳管辖。自古以来，在黄河北岸的坡头镇和大峪镇辖区的大庄、马场、董傅湾、苇园、仙口、林仙、槐姻等村，董永和七仙女的故事家喻户晓，人人皆知，代代传承。千年的古村寨、河道、山头、庙宇、董永窑、王母洞、仙女石、仙女泉、董永墓、大槐树折射出了天上人间一对美好的爱情姻缘。坡头镇当地的人们始终把这南北20公里的大庄、砚瓦河河道地域看作是“天仙配”民间传说的发源地。

当地人们把这一传说故事叫《董永招亲》，故事的发源地就在坡头镇的马场董傅湾村。

董傅湾村是马场的一个小自然村，有40余户村民。小村的东南头叫董湾，西北头叫傅湾。董永遇仙传说发生在东汉中叶。相传，董永和他患病的父亲就住在至今尚存的董湾董永窑。傅员外是马场的财主大户，住在傅湾。董永父亲死后，一贫如洗、朴实憨厚的董永为了葬父而卖身在董傅湾八亩园中傅员外家为奴。七仙女不甘天宫的孤独寂寞而思慕人间生活，私自下凡，飘落到大峪镇仙口村（原名为川口村），在遇仙沟，巧遇在此放牛打柴的忠厚善良的董永。董永“卖身葬父”的一片孝心打动了七仙女。七仙女一心想嫁给董永，两人结伴前行，正当他俩为寻不到媒

董永与七仙女

董永与七仙女的传说

人发愁时，忽然看到前方路边有一棵千年大槐树，七仙女灵机一动，心想：何不让老槐树做媒，成就我俩的姻缘。于是，在土地爷的撮合下，二人一同跪地叩拜老槐树，老槐树显灵做主，许他俩结为夫妻。拜罢老槐树，二人高高兴兴一起回到马场董傅湾。

卖身为奴的董永在傅员外家管账干活，傅员外的儿子傅官保因嫉恨而嫁祸董永。七仙女为救丈夫，施以仙术，冒死上黄泉路，踏奈何桥，过鬼门关，历尽无数艰难，终于救出董永。在纺纱寨上，七仙女不分昼夜，巧手纺织99天，在此期间，雨一直下个不停，像在诉说人间的不平。傅员外心生诡计，打赌让七仙女一夜之间织出百匹黄绫绢，便将三年卖身期限改为百日。七仙女在夜里燃起难香求助，天上众姐妹连夜下凡帮她渡过难关。夫妻俩终于结束为奴的日子，双双把家还，住进董永窑，从此过上了男耕女织的美满生活。

在窑院不远的地方，有一崖龛，传说是王母娘娘担心女儿受苦，下凡在离纺纱寨不远的山崖下的一个洞内暗地保护观望，并考察董永，最后放心满意地返回天庭。人们把此洞叫“王母洞”。传说傅员外诡计多端、欺压百姓，多次陷害董永，董永在七仙女的帮助下总能逢凶化吉，后来竟为朝廷立了功，还做了五品官，深得皇上的赏识。皇上因董永说情赦免了犯有杀头重罪的傅员外儿子傅官保和张巧嘴两口。傅员外的后代因祖上名声不好，后来就移居外乡了。现在傅湾无傅姓人家，只留下两座空宅院与门前两棵千年皂角树以及八亩园中的员外井、员外坟。济源轵城镇黄龙村有黄龙庙（原名为黄绫庙），传说当年董永为感谢皇恩并纪念爱妻七仙女为皇上织就包裹玉玺的黄绫，特拿出百两黄金，选地修盖此庙。当地现已形成了每月一次庙会的民俗惯例。

在董傅湾通往纺纱寨的半山腰路边，从荆棘丛中流出一股清泉，村民们叫它

"仙女泉"。传说是七仙女为救遭旱灾的村民而点穴成泉。而坐落在济源大峪镇的槐姻村就是董永和七仙女由大槐树做媒成亲的地方，当年的大槐树就在村民李克新家的房后。后来，村民用槐树做木料盖起一座庙，就是现在尚存的有千余年历史的槐姻庙。传说盖庙的时候，木材用完了还缺少门窗，这时来了一位木匠，建议用槐树疙瘩，并用墨斗在上面打了七条线后便不知去向。有人生气地一脚踢在了槐树疙瘩上，结果变成了槐木门窗，安上合适极了。

怀府剧种——怀梆

怀梆，曾在"古怀庆府"地区流传，其前身为海神戏。旧时每当大旱，人们在神前陈列贡品，于盘中放一小蛇当"河大王"敬奉，祈求降雨，当时组织一些艺人，就地围桌说唱，以杂耍娱乐为主，不化妆，不登台，这便是怀梆剧的雏形。据传，自汉代就有的古怀庆府的地方杂耍队伍，汲取了大平调、二夹弦、上党梆子、晋剧、蒲剧、曲剧、豫剧、秦腔等剧种的特点，演变成了今天的怀梆剧。

因济源居民多由山西洪洞一带迁来，"海神戏"保留有山西戏剧的表演形式，后结合本地的风俗习惯和方言土语，逐步形成了与山西中路梆子近缘而又兼具本地特色的梆子戏。早先本地人多称为"老怀梆""小梆戏""怀调"。近代，为区别于河南梆子和安阳一带的怀调，正式定名为"怀梆"。怀梆唱腔音乐的形成与发展，又与"怀府话"的音韵和语调有着密切关系，因此具有鲜明的地方特色。

清咸丰、同治年间，怀庆府各县较大的村镇，都有所谓的"耍戏班"，清朝晚期到民国时代，怀梆这一民间戏曲开始在古怀庆府及晋南一带广为风行，其中最受大家喜爱的就是济源的怀梆演出团体"德

怀梆舞台实物遗存

运班”。光绪二十五年，民间艺人自发以“花鼓戏”“围谷圈”的形式建立起以艺人命名的“德运社”戏班，后渐成规模。五龙口镇的任寨村、梨林镇的程村至今还保存有清朝时期做工精致的服装道具，当时的演出情形此中可见一斑。流传至今的还有这样几句话，“应吃盐，不吃盐，要看德运《双孝廉》；应吃油，不吃油，要看德运《上门楼》；紧织布，慢穿梭，忽然想起德运哥”。

“怀梆”和其他的剧种一样：生、旦、净、末、丑，行当齐全。怀梆的唱腔音乐板类和豫剧大致相同，主要有慢板、二八板、流水板和散板四大类。怀梆在行当唱腔上，除“净”角在慢板、二八板、流水板三个主要板类中，与生、旦、末、丑各类行当“同板不同腔”以外，其余均为“同板同腔”。

怀梆传统剧目《铡赵王》剧照

目前，济源市怀梆保留的传统剧目有：《反西京》《铡赵王》《上门楼》《白袍救主》《老少换》《薛刚反唐》《白头鸳鸯》《穆桂英下山》《打金枝》《王华买爹》《三哭殿》《收陈朋》《雷振海征西》《赶秦山》《卖苗郎》《山海关》《反徐州》《三子争父》《吴凤岑》《借妻》等。

2011年，怀梆被列为河南省省级非物质文化遗产名录扩展项目。

• 祖传医术——石氏针灸 •

2015年，石氏针灸被列为河南省省级非物质文化遗产名录扩展项目。

起源于清嘉庆年间，主要是家族传承：石福寿、石悦德、石全玉、石晶奇、石建极、石学仁、石启兴、石天国。石氏针灸父传子、子传孙、代代相传、祖父传孙、叔父传侄。

石启兴是石氏中医针灸的第七代传人。石氏针灸通过对病人进行针刺、灸治和按压，达到通经活络、调和气血的双向良性调整作用，从而祛痛祛病，增强机体防卫免疫功能。石氏中医针灸可治疗多

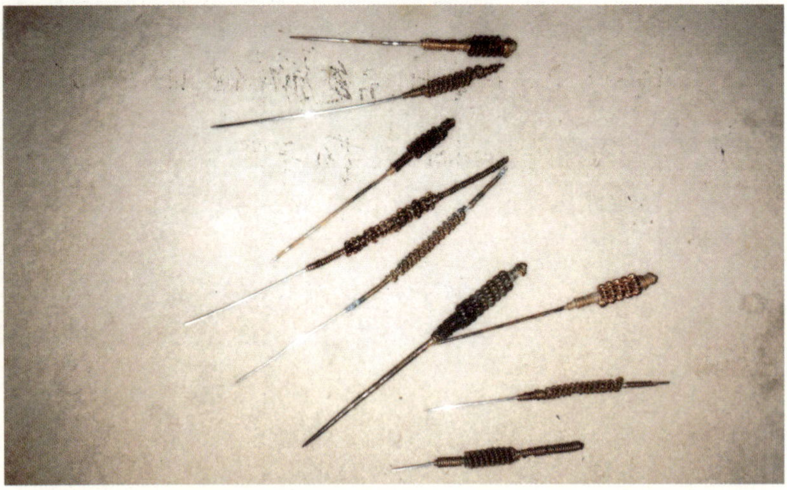

石氏针灸实物遗存

种疑难杂症如：面瘫、鼻炎、鼻窦炎、肩周炎、腰椎病、坐骨神经痛、中风瘫痪、失眠、腰痛、头痛、关节痛、偏头痛、便秘、腹泻、急慢性胃炎、前列腺炎等，调整因内分泌失调而引起的肥胖与消瘦。

石氏针灸独有的“跑马针刺法”，主要是指医者在治疗过程中，要全神贯注，精心操作，注意力集中，一心一意想着患者，《灵枢·终始》指出：魂魄不散，专意一神。精气之分，毋闻人声。以收其精，必一其神，令志在针。具体操作是：右手拇指、食指呈屈曲状态持针，露出针尖3至5公分（1公分=1厘米），中指伸直按在穴位旁边，进针时，拇指、食指伸直，中指向下用力，由直变为屈曲，在此瞬间即可迅速刺中穴位，气至病所即出针。这种进针法就叫“跑马针刺法”，这种针法的特点是：进针快，痛苦小，得气迅速，针感强，后劲大。《灵枢·九针十二原》中写道：刺而气不至，无向其数，刺之而气至，乃去之，勿复针。

石启兴医生在运用跑马针治病中，理论结合实践，按照中医辨证法，自己在下针的一刹那（约2秒钟），就完成从搜气、得气、运气到收气的过程，而且在得气的同时，就会了解到病情的轻重、是寒湿还是虚热，针应该偏向哪个方向、刺多大力度，等等。他说，这些针法、手法书上并不写，都是前辈口口相传，自己用心记下来的，尤其是得气后的辨别，都是自己几十年的经验积累和创新。

城市名片

——愿将椽笔绘新图

愚公故里、济水之源，全国文明城市，道教“天下第一洞天”，蔚为壮观的最大的治黄工程小浪底水利枢纽……

每一张名片，都光彩夺目！

每一张名片，都重若千钧！

知名度也是生产力，借得东风好行船。近年来，济源市借助一张张名片的光环和魅力，乘势而上，敢为人先，推动了经济社会的快速发展！

在未来的征程中，迅速发展的济源将把一张张名片擦得更亮，扮得更炫！

• 愚公故里 •

济源是"愚公移山"寓言的发祥地，其故事来源于济源地区广泛流传的"吕三太搬山"传说，战国时列御寇以此为素材，撰写了寓言《愚公移山》，载入《列子·汤问》。济源现有愚公村、愚公故居、愚公洞、愚公井、愚公移山处等遗址遗存，民间仍然流传着吕三太搬山、愚公盘山等传说。

1945年，毛泽东在中共"七大"上，对"愚公移山"做了三次论述。其中在6月11日的闭幕式上，毛泽东做了以《愚公移山》为标题的闭幕词。从此"愚公移山"成为表现中国共产党人坚韧不拔、不懈奋斗精神的典型用语。新中国成立后，"愚公移山，改造中国"成为鼓舞全国人民改变一穷二白落后面貌的动员口号。进入新世纪，河南省委、省政府把愚公移山精神、焦裕禄精神和红旗渠精神一并作为实现中原崛起的三大精神支柱。济源市委、市政府把愚公精神的内涵高度提炼为"敢想敢干、开拓进取、坚韧不拔、团结奋斗"，并把"愚公移山，敢为人先"作为济源的城市精神，引领全市人民苦干实干，团结奋斗，推动了全市经济社会的快速发展。

愚公移山城标

济源市高度重视对愚公精神和文化的研究、挖掘、整理和传承，成立济源市愚公文化研究与开发领导小组，制订保护规划，科学有序开展工作；将愚公文化保护项目列入财政预算，确保专项经费落实；依托济源市委党校成立愚公移山精神干部学院，已成为全市乃至河南省干部教育培训的重要基地；将有关"愚公文化"内容编写成中小学补充教材，对青少年进行愚公精神的启蒙教育，并开展“愚公家乡好少年”评选活动；建成了愚公移山城标、愚公移山群雕等标志性建筑，开辟了“济源市青少年爱国主义教育基地”和“愚公移山精神展览馆”；将民间文学《愚公移山传说》申报为河南省非物质文化遗产，先后组织人员创作了长篇小说《愚公移山》、戏曲《愚公移山》《王屋山下》和大型舞蹈《愚公魂》；韩永久作词、卞留念作曲、江涛演唱的歌曲《愚公移山》，红遍大江南北；电视连续剧《王屋山下的传说》（原名为《愚公移山》），在中央电视台多个频道播出，河南省委宣传部发文安排全省各市电视台集中播出。

2009年9月9日，济源市被中国民间文艺家协会命名为“中国愚公文化之乡”。随着愚公文化影响力的不断扩大，与此相应的愚公渠、愚公路、愚公水库、愚公林场等应运而生，以愚公为品牌的文化产品，如“愚公移山”天坛砚、愚公人家酒店等相继登台，愚公文化得到较好的传承和发扬。

2016年12月29日，济源市人大常委会做出决定：“自2017年始，将6月11日设立为‘愚公移山精神纪念日’。每年6月11日，全市人民以多种方式举行纪念活动。”以此为契机，济源人将进一步发扬光大愚公精神，推动全市经济社会文化快速发展。

• 济水之源 •

《现代汉语词典》“济水”词条曰：“济水，古水名，发源于今河南，流经山东入渤海。现在黄河下游的河道就是原来济水的河道。今河南济源，山东济南、济阳、济宁，都从济水得名。”

古人把有独立源头，并能入海的河流称为“渎”。《尔雅》中提到的四渎江、河、淮、济，就是古代四条独流入海的河流，“济”指的就是济水。

古济水的流向在《禹贡》中这样记载：“导沇水，东流为济，入于河，溢为荥，东出于陶丘北，又东至于菏，又东北会于汶，又北东入于海。”济水发源于济源市王屋山上的太乙池。源水以地下河向东潜流七十余里，到济渎和龙潭地面涌出，形成珠（济渎）、龙（龙潭）两条河流向东；至温县第二次潜流地下，穿越黄河而不浑，在荥阳再次神奇浮出地面；流经原阳时，南济三次伏行至山东定陶，与北济会合形成巨野泽。济水三隐三现，百折入海，神秘莫测。

唐代，济水通而复枯，唐太宗李世民问大臣许敬宗："天下洪流巨谷不载祀典，济水甚细而尊四渎，何也？"许敬宗答曰："渎之为言独也，不因余水独能赴海也，济潜流屡绝，状虽微细，独而尊也。"由此可知，在许敬宗看来，济水虽然细微，却能独流入海，济水这种不达于海誓不罢休的顽强精神，就是它始终位列四渎的原因。

济水独流入海，滋润万物，自汉代起，朝廷每年派遣官员致祭，渐成礼仪定制。隋开皇二年（582），朝廷为济渎神建庙享祀。济水神原称北渎大济之神，唐玄宗天宝三载（744）晋封为清源公，因此济渎庙又名清源祠。唐贞元十二年（796），鉴于北海远在大漠之北，艰于祭祀，故在济渎庙后增建北海祠。宋徽宗宣和七年（1125），济渎神被封为清源忠护王，北海神被封为北广泽王。唐宋时期，但凡国之大事，如战争、政权更迭、祈雨甚至皇室成员的生死都要向济水神、北海神祭告，民间的祭祀活动更是频繁。

一脉济水，三隐三现，却至清远浊，坚守其节，这种情操，是中国古代文人士子们毕生追求的境界。南北朝吴均在《酬别江主簿屯骑》中曰："泛舟当泛济，结交当结桂。济水有清源，桂树多芳根。"唐代诗人白居易置身济水之上，慨叹"自今称一字，高洁与谁求；惟独是清济，万

济水之源

古同悠悠”。虽然济水位尊四渎，却波澜不惊，温文尔雅，这种润泽万物、泽被百世的品德，正是君子们必备的恩泽天地、不求闻达的秉性。高洁，是古人眼中的济水。这就是千百年来，这条早已消失的河流一直没有被人遗忘的重要原因。

济源为弘扬济水文化，做了大量工作。以济水、北海、玉泉、玉川命名行政区域；编写《济水志》，挖掘济水文化的根脉；开展济水文化沿线行活动，联合济水沿线城市共同打造济水品牌；将原济源一中从济渎庙迁出，深入开展保护济渎庙活动……

济水，是济源的福根。随着济水文化的传承和弘扬，济源必将早日实现新的腾飞。

• 天下第一洞天 •

王屋山是我国古代九大名山之一，也是道教十大洞天之首。唐代著名高道司马承祯在其所著《上清天宫地府经》中，王屋山被列为“天下第一洞天”，号“小有清虚之天”，奠定了王屋山洞天福地的重要地位。

王屋山的兴盛和道教的发展有着密切的关系。相传轩辕黄帝大统天下后，于八月十五在天坛山重会西王母，欲求得道成仙之术，并在此建上方院，访寻四海仙人。以后每年的八月十五，四方善士、各路神仙皆云集王屋山。被称为道教鼻祖的老子李耳，也曾入王屋山修炼，天坛山绝顶至今尚有“老子炼丹池”遗迹。道教早期的著名人物，如仙人王子晋、清虚真人王褒、著名方士于吉、南岳夫人魏华存、道教理论家葛洪等都曾修道于王屋山。“药王”孙思邈是唐代著名道士之一，晚年结庐于王屋山翠微庵，采药行医，济世救人，现孙真人坟尚存。

开元十二年（724），唐玄宗李隆基命司马承祯在王屋山自选形胜，建观而居，后又派胞妹玉真公主拜司马承祯为师，入

第一洞天牌坊

王屋山天坛峰

王屋山修道，自此道风大盛。由于玄宗皇帝特别青睐王屋山，拨付大量资金在王屋山修建了全国最大的皇家道观建筑群，为三清、四御、三官、十方、雷祖、西王母等先天元神均建立了宫殿，从天坛山的三清殿、玉皇殿、轩辕殿、王母洞到十方院、阳台宫、紫微宫、清虚宫、迎恩宫、三官殿、玄台殿等方圆数十里，组成了庞大的道教宫院。

千百年来，王屋山不仅是道家人物修身、炼丹、追求成仙之所，还吸引了许多文人墨客来此寻幽探胜。李白、杜甫、白居易、李商隐、韩愈都先后来王屋山游历，留下了许多名篇佳句。李白曰“愿随夫子天坛上，闲与仙人扫落花”，白居易咏赞王屋曰“石泉碧漾漾，岩树红离离”。

近年来，为打响道教“天下第一洞天”品牌，济源市开放了阳台宫、总仙宫等道教活动场所，先后两次举办“海峡两岸道文化合作论坛”，创办了《王屋山道学研究》杂志，修建了气魄宏大的道境广场，并计划建设王屋山道教学院、王屋山养生院等，把济源打造成为新的道教中心，不负“天下第一洞天”的美誉。

• 黄河小浪底 •

黄河小浪底位于黄河中游最后一段峡谷的出口处，在济源市西南30公里处。

小浪底水利枢纽是治理和开发黄河的关键性工程，上距三门峡水库130公里，下距郑州花园口115公里，是黄河干流三门峡以下唯一能够取得较大库容的控制性工程，属国家“八五”重点项目，工程于1997年截流，2001年底竣工。小浪底工程坝址控制流域面积69万平方公里，占黄河流域面积的92%。水库总库容126亿立方米，调水调沙库容10亿立方米，工程以防洪、防凌、减淤为主，兼顾供水、灌溉和发电等。

小浪底大坝截流后，库区全长130公里，总面积272平方公里，晋豫黄河峡谷与库区的西霞湖、大坝湿地公园、张岭半岛度假区、黄河三峡等20多个风景点及雄伟的水库大坝交相辉映。水库内有大量的半岛、孤岛、险峰，近观有曲折蜿蜒的河湾，远望有烟色浩渺的湖面，高峡平湖，击水搏浪，令人流连忘返。

黄河三峡是小浪底风景的精华所在，三条峡谷各具风采：孤山峡鬼斧神工，千仞壁立；龙凤峡盘龙走蛇，曲折迂回；八里峡两岸断壁如削，中间河水奔涌。特别是九蹬莲花栈，九蹬九级，次第升高，望之若莲花盛开，似出水芙蓉，是我国北方少有的山水景观。

为全面提升小浪底的美誉度，每年6、7月间，济源和洛阳两市共同举办“小浪底观瀑节”，每当“黄河小浪底观瀑节启动”一声令下，硕大的七彩蘑菇云腾空

小浪底

而起，积蓄已久的激流从工程洞群中喷涌而出，如条条巨龙，翻滚奔腾，掀起漫天水雾、排排巨浪，咆哮着直向黄河下游冲去，呈“黄河之水天上来”之壮景，有沧海横流、五岳摧崩之势。

如今的小浪底已经形成湖光山色、千岛星布、“高峡出平湖”的自然风光，这使得小浪底景区成为由山水自然风光和水利工程组成的大型旅游区，成为济源市一张新的靓丽名片。

全国文明城市

2015年2月28日，济源市被中央文明委隆重授予全国文明城市称号。在2017年11月17日召开的全国精神文明建设表彰大会上，济源市蝉联全国文明城市荣誉称号。

全国文明城市是中国城市综合类评比中的最高荣誉，每3年评选一次。济源市自1998年以来，20年坚持不懈紧紧锁定“全国文明城市”的创建目标，几十万愚公儿

全国文明城市——济源城区新貌

女坚忍不拔、锲而不舍，谱写了一曲久久为功、善作善成、全民创建、创建为民的壮丽华章！

20年来，市委、市政府坚持物质文明建设和精神文明建设“两手抓、两手都要硬”的战略方针，把人民对美好生活的向往作为价值追求和奋斗目标，矢志不渝，奋力前行，创建为民，人城共进。在常态管理方面，市委、市政府主要领导抓部署、深入一线协调、指导、督导、落实，建立健全一整套保持工作长效的领导体制和工作机制；在育德铸魂方面，坚持以培育和践行社会主义核心价值观为根本，突出思想道德建设，突出市民素质建设，突出社会风尚建设，突出城市文化建设，突出公益广告宣传，推进学雷锋志愿服务制度化，向上向善、诚信互助的社会风尚蔚然形成；在利民惠民为民方面，聚集生态环境、食品药品安全、社会治安、城乡环境、公共秩序等重点领域，聚焦人民群众反映强烈的突出问题，使广大人民群众从创建工作中感受到真切变化、得到实实在在好处；在全域创建方面，坚持以城带乡、同创共建、共建共享，持续完善城市

功能，不断提升城市品位，推动城市基础设施向农村延伸、公共服务向农村覆盖、现代文明向农村辐射，城乡居民获得感、幸福感、安全感不断增强。济源市20年的创建历程，是一条点亮精神灯塔的凝魂之路，是一条矢志追赶超越的筑基之路，是一条倾力造福群众的为民之路，是一条锻造过硬队伍的淬火之路。

创建是一个城市的永恒课题，只有起点没有终点，只有逗号没有句号，只有更好没有最好。乘着党的十九大强劲东风，在习近平新时代中国特色社会主义思想指引下，济源市将继续发扬愚公移山精神，在巩固创建成果上下功夫，在持续深化提升上见真章，自信而坚定地朝着实现全国文明城市“三连冠”目标出发，全面加快建设新时代又富又美济源的豪迈步伐。